临沂大学博士科研启动基金项目
山东省社会科学规划研究项目文丛·一般项目

国际投资仲裁
透明度改革

袁小珺　著

Study on the Reformation
of the Transparency
in the International Investment Arbitration

WUHAN UNIVERSITY PRESS
武汉大学出版社

图书在版编目(CIP)数据

国际投资仲裁透明度改革/袁小珺著.—武汉：武汉大学出版社，
2020.7

ISBN 978-7-307-21654-9

Ⅰ.国… Ⅱ.袁… Ⅲ.国际投资法学—研究 Ⅳ.D996.4

中国版本图书馆 CIP 数据核字(2020)第 129382 号

责任编辑:沈岑砚 责任校对:李孟潇 整体设计:马 佳

出版发行：**武汉大学出版社** （430072 武昌 珞珈山）

（电子邮箱：cbs22@whu.edu.cn 网址：www.wdp.com.cn）

印刷:武汉邮科印务有限公司

开本:720×1000 1/16 印张:10.5 字数:186 千字 插页:1

版次:2020 年 7 月第 1 版 2020 年 7 月第 1 次印刷

ISBN 978-7-307-21654-9 定价:38.00 元

序

　　国际投资争议发生在外国私人投资者和投资东道国之间，或外国私人投资者和投资东道国的企业、私人之间，或投资东道国和投资者母国之间。这种争议是由海外私人直接投资引起的。国际投资争议能够得到迅速、和平的解决非常重要，不仅可以促进国际投资的健康发展、促进资本的国际流动，而且对国际和平和稳定也起着不可小觑的作用。国际投资争议的解决方式多种多样，总的来说，既有政治手段，也有法律手段。其中，政治手段包括协商、斡旋和调解，具体有东道国国内救济的方式、外交保护的方式（这种方式作为一种政治方式目前已不再被使用），以及仲裁的方式（包括国际商事仲裁和专门投资机构的仲裁）。

　　在实践中，外国私人直接投资者和东道国政府之间的纠纷显得更为复杂和难于处理。原因在于这类纠纷的主体，一方是国家，另一方是海外私人直接投资者，双方处于不平等的法律地位。不仅如此，这类争议通常涉及东道国对企业的控制权、对外汇的管理权、对自然资源的控制权，涉及东道国国民的利益。这类争议虽然发生在外国私人直接投资者和投资东道国之间，却容易将投资者母国卷入进来，一旦处理不当，将引起两个国家之间的纷争，从而使争端政治化，影响国际秩序。因此，这类争端的妥善解决显得尤其重要。本书中所提到的"国际投资争议"，仅指这类狭义的国际投资争议，即发生在国际私人直接投资者和投资东道国之间的争议。

　　到 20 世纪末期，随着国际资本流动的加速，跨国私人直接投资的增加，国际投资纠纷也日益涌现，国家间开始签订投资条约或双边投资协定，以规制投资、解决投资争议。国际投资仲裁是近年来国家和投资者都比较青睐的解决国际私人直接投资者和投资东道国间国际投资争议的方式。国际投资仲裁就是指《华盛顿公约》项下及其他多边条约、双边投资协定项下的解决国家和外国投资者间争议的仲裁。其起源于 1965 年《解决国家与他国国民间投资争端公约》（以下简称《华盛顿公约》）创设的国际投资争端解决机制，至今已有 50 多年的历史。1995 年以前，只有很少的国际投资仲裁的实践案例，但是 1995 年以后，国际投资仲裁案件数量迅速增加，国际投资仲裁涉及的国家也越来越多。在 230 个国家和地区中，已经有 130 多个国家和地区作为投资者母国或投资东道国参与到投资仲裁中。

国际投资仲裁起源于国际商事仲裁，因此其在程序和规则上也以国际商事仲裁为范本，然而事实上，国际投资仲裁和国际商事仲裁在本质上有诸多不同之处，这就导致了国际投资仲裁制度上的一些缺陷。由于国际投资仲裁中存在的制度缺陷引发公众对此机制的不信任，导致了投资仲裁的正当性危机。为此，国际上采取了一系列措施，来应对投资仲裁的正当性危机。其中之一就是透明度改革。本书以国际投资仲裁透明度为选题，通过对这一问题的理论基础和实践趋势进行完整的阐述，总结出透明度改革对中国的启示。

国际投资争端解决机制中的程序透明，也就是国际投资仲裁的透明度，即在国际投资仲裁过程中，允许在仲裁中有重大利益的第三方介入，包括仲裁发起的公示、仲裁中的文件的公开、庭审过程的公开、接受法庭之友书面意见等，使在仲裁中有重大利益的第三方能够了解整个争端解决过程。

增强投资仲裁的透明度有助于公众知情权的被动实现和主动实现，而一旦公众知情权得到保障，公众的参与和监督反过来又会有益于投资仲裁的完善，增强公众对此争端解决机制的信任。增强投资仲裁透明度有利于公共利益的实现，私人利益是公共利益的有机组成部分，公共利益受到损害，私人利益也将无从谈起，因此私人利益向公共利益适当让渡是必要的，也就是说在国际投资仲裁中增强透明度是必要的。

增强投资仲裁的透明度与国际投资仲裁的效率价值并不矛盾。有学者认为增强投资仲裁透明度、将信息向第三方公开的过程，会造成一些实质性的信息公开与传递的成本，而对于原本就要承受仲裁本身高昂费用的当事方来说，这无疑是额外的压力。本书认为，以上问题诚然存在，但是这些问题都是可以通过一定的方式进行避免的，不能构成反对投资仲裁透明度改革的理由。2006年《ICSID 仲裁规则》第 37（2）规定，仲裁庭要确保法庭之友的书面意见未给仲裁程序造成干扰、未给当事方造成负担，以此作为仲裁庭是否接受法庭之友书面意见的标准之一。在 2003 年 NAFTA 的 FTC 所发布的声明中也提到，提交的书面意见必须简洁，包括附录不得超过 20 页，要有一个表明立场的简短声明，要在争议事项范围内提交书面意见。在 2014 年《透明度规则》第 4 条中也有类似规定，"经过与争议各方协商，第三人可以在争议事项范围内向仲裁庭提交书面材料"，并且书面材料要"行文简洁，篇幅无论如何不得超过仲裁庭允许的页数"。各个仲裁机构都认识到了增加投资仲裁透明度可能会给投资仲裁的效率带来影响，但各仲裁机构也都在仲裁规则中提出了解决方案，仲裁庭和争端当事方要共同努力将其对投资仲裁效率的影响降到最低，扬长避短，发挥第三方参与仲裁的优势。

增强国际投资仲裁透明度与当事人的意思自治并不矛盾。有的学者认为，第三方参与可能会影响仲裁方的战略安排和当事人的意思自治。本书认为，投资仲裁中增强透明度的改革不会影响当事人意思自治的实现。国际投资仲裁中的仲裁庭是否具有允许第三方参与的自由裁量权，是依据仲裁规则来判断的。而仲裁规则是当事方依照意思自治原则自由选择的，因此说到底，仲裁庭允许第三方参与的权利也来自当事人的授权，还是符合意思自治原则的。

提到国际投资仲裁透明度，就不得不提到与之相对应的概念，仲裁的保密性。保密性是国际商事仲裁的主要特点之一，其一直被视为国际商事仲裁的优势而被人们赞扬至今。然而在国际投资仲裁中，保密性的优势地位不保。要提高国际投资仲裁透明度、增强第三方参与的原因有很多。首先，当国际投资争议涉及的国家规则和措施与环境相关或与公众健康相关时，对于这些争议的解决就会对公共利益影响；其次，在国际投资仲裁案件中，仲裁发起方往往提出巨额的经济索赔，以至于对东道国国民的利益也会造成影响；最后，公众的知情权和人权理论，也都是增强第三方参与的理论支撑。然而，不可否认的是，增强投资仲裁透明度也要付出一定的代价：譬如，如果处理不好，则有可能会增加国际投资仲裁中的不必要的成本，造成程序上时间的拖延。因此，在进行透明度改革的时候，要把握好度，一旦用力过猛，过于透明，则很可能会侵害仲裁当事方的利益，使得国际社会对这种争端解决方式望而却步，但是浮于表层的改革、透明度的不足又可能无从满足国际社会上非争端方的知情权的需要。因此，本书认为可以借鉴国内法和国际法上的比例原则来解决这个问题，用比例原则来平衡国际法上的透明度和保密性。

国际上关于增强投资仲裁透明度的实践，主要是 NAFTA 和 ICSID 的实践。国际上关于投资仲裁的争议始于 NAFTA，因为《北美自由贸易协定》第十一章中，关于仲裁程序启动的公告、法庭之友、庭审过程的公开、仲裁中文件的公开、仲裁裁决的公开一律没有作出规定。20 世纪 90 年代开始，一些非政府组织开始要求参与到以 NAFTA 为法律基础的国际投资仲裁程序中，以增强国际投资仲裁的透明度。这些国际投资仲裁案件通常关乎公共利益，也与环境保护、公共健康密切相关。是否同意这些非政府组织参与到国际投资仲裁中，成为仲裁庭需要解决的重要问题，也在国际社会引起了广泛的争议。在梅塞尼斯诉美国汽油添加剂案件和美国联合包裹公司诉加拿大案中，仲裁庭都是依据《联合国国际贸易法委员会仲裁规则》(以下简称《UNCITRAL 仲裁规则》) 第 15 条，对其参加庭审、获取材料等请求一律拒绝。2003 年自由贸易委员会发表声明，表明仲裁庭有权接受法庭之友书面意见，并制定出接受书面意见的标准，从此，接受法庭之友意见在 NAFTA 框架下有了依据。对于 ICSID 的实践，本书一共进行了四个案例分析，前三个案例发生在 2006 年之前，对于第三方参与的请求，仲裁庭裁决出现了不一致。2006 年，为了增强投资仲裁透明度，ICSID 对其仲裁规则作出修改，修改主要集中在第 32 条和第 37 条。《ICSID 仲裁规则》修改后，实践中对三方参与的接受度有很大提升，相关争议也大大减少。

对国际投资仲裁透明度与 WTO 争端解决机制中的透明度进行比较很有必要，之所以将这二者进行比较，是因为两种争端解决中关于透明度的争论都出现在 20 世纪 90 年代，案例都出现在 2000 年前后。不仅如此，国际投资仲裁解决国际投资争议，WTO 争端解决机制解决国际贸易争端，二者都涉及国家的公共政策、国家主权等问题，有着千丝万缕的联系。本书先对 WTO 争端解决各个阶段的透明度进行分析，然后分别和 ICSID 与 NAFTA 中的透明度规则进行比较，最终落脚到相互借鉴。

关于国际投资仲裁透明度的发展趋势以及对我国的启示。国际投资仲裁透明度的发展趋势聚焦在联合国贸易和发展会议（以下简称贸发会）有关透明度规则和透明度公约中一些创新性的规定，这些规定表明国际投资仲裁中的透明度改革是大势所趋。在 2010 年贸发会发布的《投资人与国家之间以条约为基础的仲裁的透明度各国政府的评议汇编》中，中国表示对国际投资仲裁透明度持不同意见。但是由于国内外形势的变化，中国的态度也必须有所转变，这些变化包括：第一，中国 2013 年以后开始提出"一带一路"倡议，将更多地作为投资东道国和投资者母国；第二，2010 年以后，中国开始作为被申请人出现在 ICSID 投资仲裁实践中，不能再对国际投资仲裁透明度采取避而不谈的态度；第三，中国处于和美国、欧盟双边投资协定的谈判中，而美国和欧盟都是国际投资仲裁改革的拥护者，只有对透明度问题多加关注，才不至于在谈判中处于劣势；第四，2016 年 10 月，深圳国际仲裁院举行了发布会，将投资仲裁纳入受理案件的范围，从这个层面看，中国也必须对投资仲裁透明度给予更多的关注。中国必须转变观念，积极投入透明度改革中来，投入规则的制定中，更好地维护国家权益。同时，中国经验不足，对谈判中比较前沿的问题，又要保持谨慎的态度。另外，本部分中也谈到，对传统的商事仲裁，涉及公共利益的案件，私人利益要适当让渡给公共利益，因此，可以有限度地对保密性进行突破，对商事仲裁中的保密信息进行技术性处理后，向公众公布。

目　　录

缩　略　表

ICSID	解决投资争议国际中心 （International Centre for Settlement of Investment Disputes）
《ICSID 仲裁规则》	《解决投资争端国际中心仲裁程序规则》
NAFTA	《北美自由贸易协定》（*North American Free Trade Agreement*）
SCC	瑞典斯德哥尔摩商会仲裁院
SHIAC	上海国际仲裁中心
《SHIAC 仲裁规则》	《上海国际仲裁中心仲裁规则》
UNCITRAL	联合国贸易法委员会 （United Nations Commission on International Trade Law）
《UNCITRAL 仲裁规则》	2010 年《联合国国际贸易法委员会仲裁规则》
FTC	北美自由贸易委员会（Free Trade Commission）
ISDS	国际投资争端解决（Investor-State Dispute Settlement）
BIT	《双边投资协定》（*Bilateral Investment Treaty*）
ECT	《能源宪章条约》（*Energy Charter Treaty*）
CETA	2014 年《加拿大—欧盟全面经济贸易协议》 （*The Comprehensive Economic and Trade Agreement*）

1

FCN	《友好通商航海条约》 (*Treaty of Friendship, Commence and Navigation*)
USCFTA	1988 年《美国—加拿大自由贸易协定》
IISD	国际可持续发展研究所 (*International Institute for Sustainable Development*)
WTO	世界贸易组织(*World Trade Organization*)
GATT	《关税与贸易总协定》(*General Agreement on Tariff and Trade*)
DSU	《关于争端解决规则与程序的谅解》
DSB	争端解决机构
TPP	《跨太平洋伙伴关系协定》(*Trans-Pacific Partnership Agreement*)
TTIP	《跨大西洋贸易与投资伙伴协定》 (*Transatlantic Trade and Investment Partnership*)
TISA	《服务贸易协定》(*Trade in Service Agreement*)
FTAAP	亚太自由贸易区(*Free Trade Area of the Asia-Pacific*)
CIETAC	中国国际经济贸易仲裁委员会
《CIETAC 仲裁规则》	2012 年《中国国际经济贸易仲裁委员会仲裁规则》

导　　言

从 20 世纪 90 年代至今，国际投资仲裁保持着飞速发展的态势。不仅投资案件的数量迅猛增加（至 2020 年 6 月，ICSID 共受理 781 个案件，其中仲裁案件多达 769 个），而且投资仲裁案件涉及的国家越来越多，更多的国家成为仲裁案件中的投资东道国，同时也有更多的国家成为仲裁案件中的投资者母国。但是在飞速发展的同时，投资仲裁出现了正当性危机：在仲裁中对相似问题的解释缺乏一致性、损害国家主权和公共利益。而正当性危机的补救措施之一就是投资仲裁透明度改革。

为了促进国际投资争端的公正解决，各方开始努力增强国际投资仲裁的透明度。近年来，NAFTA 和 ICSID 都认识到了缺乏透明度引发的投资仲裁正当性危机，纷纷采取措施，增强透明度，其增强透明度的方式主要是允许第三方参与。对国际投资仲裁透明度的改革始于 NAFTA。在越来越多的 NAFTA 案件中，一些非政府组织作为第三方，要求通过提交法庭之友意见、参加庭审过程等方式参与到仲裁中来。NAFTA 的实践也推动了 ICSID 增加仲裁程序透明度的改革。2004 年，ICSID 秘书处就 ICSID 仲裁框架的完善问题提交了一份讨论稿，其中包括增强投资仲裁透明度的内容。2006 年，ICSID 对其仲裁规则进行了修改，修改后的规则大大增加了第三方参加庭审的可能性，可以说是国际投资仲裁向公众开放的一个重大突破。

2014 年 12 月 10 日，联合国大会通过了《联合国投资人与国家间基于条约仲裁透明度公约》，同时决定于 2015 年 3 月 17 日在毛里求斯路易港举行公约的开放签署仪式。此前，联合国国际贸易法委员会于 2013 年 7 月通过了《投资人与国家间基于条约仲裁透明度规则》，规定在投资条约仲裁中增强透明度的相关规则。根据贸易法委员会针对 2014 年 4 月 1 日以后订立的投资条约的不完全统计，共有《大韩民国政府与澳大利亚政府间的自由贸易协议》《日本与乌克兰间的促进和保护投资协议》《加拿大与大韩民国间的自由贸易协议》等 13 个双边投资条约明确表明适用《透明度规则》或参照《透明度规则》制定的条款解决某些情形的投资人与国家间争议，可见此规则正逐步被国际社会所接受。

1

在 2010 年 10 月联合国贸易法委员会第二工作组第五十三届会议上公布的《投资人与国家之间以条约为基础的仲裁的透明度各国政府的评议汇编秘书处的说明》中，中国明确表示了反对在《华盛顿公约》中加入透明度条款、反对透明度改革。理由是中国自 1992 年加入《华盛顿公约》至 2010 年，还没有投资仲裁的相关实践，缺乏实践经验，并且中国参与缔结的投资条约和双边协定中均没有透明度条款。因此，中国对法庭之友提交书面意见、庭审过程的公开等持反对意见，坚持仲裁的保密性。可是时至今日，中国再以此为由全盘否定透明度就行不通了。首先，2011 年和 2014 年，分别发生了伊桂兰诉中国政府案和韩国安城公司诉中国政府案，中国已经开始作为投资东道国涉足国际投资仲裁中。其次，随着"一带一路"倡议的实施，中国的对外开放又将进入一个新的阶段，中国政府将出台更多政策鼓励对外投资，也不可避免地会面对更多的投资纠纷，在这种情况下，中国不得不对透明度问题进行关注。再次，中国正处于与美国和欧洲的 BIT 谈判中，而美国和欧洲都是透明度的拥护国，因此在谈判中难以避免透明度问题，增强对透明度本身的关注，才能做到知己知彼，百战不殆。最后，2016 年 10 月 26 日，深圳国际仲裁院举行了新规则发布会，发布了 2016 版的仲裁规则及程序指引，其中的一大亮点便是将投资仲裁纳入了受理案件范围，这是中国第一个内地规定可以对投资者和东道国间的直接投资争议仲裁进行受理的规则，开创了中国国内仲裁机构受理国际投资争议的先河。深圳国际仲裁院开了这个先例，可以预见，在未来的若干年里，将有越来越多的中国仲裁机构将业务拓展到投资仲裁，从这个角度看，我们也必须对国际投资仲裁中的透明度原则进行研究。

综上，在国际国内双重背景下，对国际投资仲裁中的透明度原则进行研究的意义就显得非常重要。具体法律问题分述如下：第一，何为透明度，国际投资仲裁领域的透明度如何定义，国际投资仲裁透明度的价值取向如何，即国际投资仲裁透明度包含哪些制度价值，与之相对应的概念是保密性，何为保密性，如何处理保密性和透明度的关系；第二，投资仲裁透明度的发展脉络如何，有哪些相关实践；第三，投资仲裁透明度与 WTO 争端解决中的透明度相比，有何不同，又有哪些互相借鉴的价值；第四，面对目前国内国外的现状，中国该作何反应。

近些年来，国际投资仲裁这种投资争端解决方式越来越被接受，国际投资仲裁案件数量迅速增加，作为被申请方参与到仲裁中的国家也越来越多，特别是 2013 年联合国贸易法委员会通过了《投资人与国家间基于条约仲裁透明度规则》、2014 年联合国大会通过了《联合国投资人与国家间基于条约仲裁透明度公约》引发了越来越多的学者对投资透明度进行关注、研究。学术界对投资仲裁的研究虽不像对商事仲裁的研究那样层出不穷，但近几年对投资仲裁透明度的相关问题进行探讨的文章还是很客观的。通过笔者在中国知网的关键词搜索，以"投资仲裁透明度"为研究对象的文章共 20 余篇，其中硕士论文 6 篇，没有以此为题的博士论文，只有东北财经大学的辛宪章博士 2013 年的博士论文《国际投资争端机制研究》在文章中论及投资仲裁的相关问题。不仅如此，国内学界对投资仲裁透明度问题的系统性研究不多，只在专著或者教材的某一部分中，用很小的篇幅对投资仲裁透明度问题进行简单阐述。外国学者对这一论题的体系化研究也很少，仅有的一本以此命名的出版物是 2012 年出版的名为 *Transparency in International Trade and Investment Dispute Settlement* 的文集，但也仅对投资仲裁透明度简单提及，没有进行深入的理论研究。下面，笔者将对比较有代表性、有价值的文献进行综述，并对相关论点进行总结。

关于国际投资仲裁透明度的定义，几乎没有学者对其作出定义，甚至没有尝试作出定义。梁丹妮在其著作《北美自由贸易协定投资争端仲裁机制研究》第四章"NAFTA 投资争端仲裁程序透明度研究"中写道，NAFTA 中的争端解决自从运行开始，就一直面临透明度方面的批判，公众呼吁争端解决的程序应该公开、向公众披露更多的信息，特别是在涉及公共利益的领域如保护环境、公共健康等时，更多的非政府组织和利益团体要求作为法庭之友参与到仲裁中。北京大学张潇剑教授在其《WTO 透明度研究》中指出，所谓的"透明度"包含两层含义，一是信息公开，相关信息通过某种平台进行公布；二是信息对公众来说容易获知，第一层含义强调的是信息公开主体的义务，第二层含义强调的是公众的权利和公开的程度，二者是一个问题的两个方面，是相辅相成的。外国学者 Catherine A. Rogers 在其 *Transparency in International Commercial Arbitration* 一文将透明度分为不同但又相关联的三个方面：一是公共参与；二是公共信息披露；三是透明度。这里的透明度是指相关规则和规定对于利益相关方唾手可得。Jose E. Alvarez 和 Karl P. Sauvant 在其 *The Evolving International Investment Regime，Expectations，Realities，Option* 一文中指出，最初的透明度强调的只是基本的信息交换，但是后期的透明度已经不仅仅局限于此，还包括参与到主体所从事的活动中。赵骏在《国际投资仲裁透明度改革及我国的应对》一文中没有对透明度作出定义，他认为透明度的内涵包括启动仲裁程序的公告、程序中文件的公开、庭审过程的公开、法庭之友提交书面文件、仲裁裁决的公开。

关于国际投资仲裁透明的价值取向，学者普遍研究较多价值取向是公共利益和意思自治，由此学者得出不同的结论，分为支持投资仲裁透明度改革和反对投资仲裁透明度改革两派。张庆麟在其《公共利益视野下的国际投资协定新发展》一书中写道，公共利益并不是凌驾于个人利益之上的，如果没有公共利益的实现，个人利益更加得不到保障，平衡投资仲裁中的私人利益的保护和公共利益的实现应成为我们奋斗的目标，为此他还在书中提到比例原则，认为此原则是平衡公共利益和私人利益的最佳原则，增强国际投资仲裁透明度有助于实现公共利益。吴岚在其《国际投资法视域下的东道国公共利益规则》一书中，对 ICSID 和 NAFTA 对公共利益作出的贡献和不足都作出了总结，认为投资条约和投资协定中的公共利益条款都呈碎片化，会带来很多不利影响，并提出解决方案。外国学者 Boralessa A. 在其 *The Limitations of Party Autonomy in ICSID Arbitration* 一文中表示，虽然仲裁庭一再申明允许第三方参与是个程序性的问题、不涉及当事人的实质性权利，但这个程序问题却是由仲裁庭而不是当事人决定的，因此无疑是对当事人意思自治的践踏。他还认为，即便第三方参与只是一个程序性问题，其也很可能给仲裁结果带来实质影响从而影响当事人的实质性权利，因此他对投资仲裁透明化持否定态度。

关于投资仲裁透明度的实现路径，不同学者也有不同的观点，浙江大学副教授赵骏在《国际投资仲裁透明度改革及我国的应对》一文中指出，实现投资仲裁透明度有两条路径，一个是通过投资条约，二是通过仲裁机构仲裁规则的修改，也就是《ICSID 仲裁规则》和《UNCITRAL 仲裁规则》的修改。陈剑玲在其《国际投资仲裁中的"法庭之友"参与问题研究》中，认为实现透明度的主要路径是法庭之友参与，他认为法庭之友参与的形式包括但是不限于提交书面意见，还包括参加庭审过程、获得仲裁程序中的相关文件、获得仲裁裁决。伦敦大学学者 Tomoko Ishikawa 在其 *Third Party Participation in Investment Treaty Arbitration* 一文中，认为投资仲裁透明度的实现路径是启动仲裁程序的公告、程序中文件的公开、庭审过程的公开、法庭之友提交书面文件、仲裁裁决的公开等几种方式。

关于国际投资仲裁中的透明度和 WTO 争端解决机制中透明度的区别，很少有学者对此作出研究，外国学者 Gabrielle Marceau 和 Mikella Hurley 在其合著的论文 *Transparency and Public Participation in the WTO：A Report Card on WTO Transparency Mechanisms* 中分了三个方面进行比较：第一个方面是公众对程序中文件的获得；第二个方面是法庭之友陈述；第三个方面是公众对庭审过程的参与程度。对于开庭程序，WTO 争端解决机制专家组程序中的开庭是保密的，而 ICSID 仲裁庭在于秘书处协商后，可以允许他人，包括当事人代理人、律师、拥护者、证人、专家、仲裁庭工作人员公开开庭程序，除非当事人明确反对。至于法庭之友意见，两个机制的做法都是承认仲裁庭有接受法庭之友意见的权利，但是至于最终是否接受，还有一些判断标准，要视具体个案情况的不同来确定是否接受。WTO 中当事方向专家组提交的书面陈述文件，原则上应保密，但 DSU 的规定不妨碍任何争端方向公众披露有关自身立场的陈述，如一争端方向专家组提交其书面陈述的保密版本，则应任一成员请求，该争端方还应提供一份其书面陈述所含信息的可对外公布的非机密摘要。而在 ICSID 投资仲裁中，如果当事人同意，可以公布会议记录和其他记录。文中通过以上比较，最终提出借鉴的建议。

本书主要采取了四种研究方法，第一个是文献研究法，针对"国际投资仲裁中的透明度"这一论题，在中国知网和 Hein Online 网站进行检索，并对相关著作和教材进行研读，总结这个论题的研究现状，进行站在前人的肩膀上对此问题进行研究，避免走弯路和无用功。第二个是比较研究法，主要对国际投资仲裁透明度和 WTO 争端解决机制中的透明度进行比较，先在现有规则方面进行比较研究，在研究的过程中，找到共性，更重要的是总结出区别，同时对相关实践脉络进行比较研究，最后落脚点在相互经验借鉴方面，总结出如何提高国际投资仲裁透明度。第三个是价值研究法，对国际投资仲裁透明度与意思自治、与效率、与公共利益、与知情权进行价值研究，从而论证国际投资仲裁透明度改革的必要性。第四个是实证分析法，对 ICSID 和 NAFTA 的典型案例进行分析，总结出在国际投资仲裁领域透明度发展的趋势。

第一章　国际投资仲裁及其正当性危机

第二次世界大战以后，广大亚非拉发展中国家逐渐摆脱殖民统治，获得经济独立。为了进一步摆脱外国资产的控制，支持民族企业发展，一些国家开始对一些关乎民生的外资企业进行国有化，由此产生了大量投资纠纷。这种纠纷的主体一方是投资者，另一方是东道国，一旦解决不当就可能会引起投资者母国的外交保护和政治介入，从而使纷争政治化，最终由投资纠纷演变成两个国家之间的纠纷。因此，此类国际投资争端的妥善解决就变得尤其重要，不仅可以促进国际投资的健康发展、促进资本的国际流动，对国际和平和稳定也起着不可小觑的作用。

从国际法的角度看，国际投资争议(Investor-State Dispute)是指外国投资者同东道国政府之间的争议，或外国投资者同东道国企业、个人之间的争议。本书所论证的国际投资争议，是指狭义的国际投资争议，即外国私人直接投资者与东道国政府之间的投资。所谓外国私人直接投资者与东道国政府之间的投资争议，是指发生在外国私人直接投资者与东道国之间的因国际直接投资而出现的争议，换句话说就是外国私人投资者与投资东道国政府间因直接投资问题而引发的争议。为了国际投资促进争议和平、高效的解决，国际社会必须确立一套解决国际投资争议的规则和方法，国际投资法应运而生。国际投资法对于营造一个良好的国际投资法律环境起着不可或缺的作用，其实体法规则和程序法规则珠联璧合，构成了迅速、有效解决投资争议的重要保证。同时，一套有说服力的国际投资法体系，能够使投资争议发生后，争端双方有法可循，从而避免国际投资争端的政治化解决，最终有利于世界经济秩序的维护，有利于世界和平和稳定。

解决国际投资争议，通常根据不同案件中不同的法律关系，而采取不同的解决方式。① 总的来说，有通过政治方式解决，也有通过法律方法来解决；有走国内司法程序解决，也有通过国际救济方式解决。较常用的方式有以下几

---

① 姚梅镇：《国际投资法》，武汉大学出版社 2011 年版，第 346 页。

种：协商和调解、东道国当地救济和外交保护、国际投资仲裁。对于选择什么方式解决国际投资争端，发达国家和发展中国家有不同的倾向性。一般来说，发展中国家普遍反对外交保护，因为外交保护常被发达国家利用，成为发达国家干涉发展中国家内政的一个途径。因此，发展中国家更倾向于通过本国法院解决纠纷。而发达国家由于法律制度比较完善、更主张通过国际仲裁机构来解决纠纷，他们认为发展中国家的东道国救济缺乏公正性。①

协商和调解是友好解决国际投资争议的一种方式。其特点是都是在双方同意的基础上取得谅解，基于双方共同的意思达成协议。这是比较受到倡导的投资争议解决方式。协商是指争议发生后，双方当事人在自愿的基础上进行友好磋商，双方摆明事实并各自让步，达成彼此满意的协议。② 这种投资争议解决的特点是简单方便，不需要第三方的介入，因此更具灵活性，而且双方的谈判基本是在一种友好的气氛下进行，有助于争端的和平解决。协商结果由双方自愿达成，可以使得结果更加公平，实施起来也更有动力。与协商不同，调解需要第三方介入。调解是当事人请他们都信赖的第三人设法和平解决他们的争端，这种争端解决办法在国内和国际商事实践中越来越多地被用来替代诉讼。联合国贸易法委员会于 2002 年 6 月 24 日通过《联合国国际贸易法委员会国际商事调解示范法》(以下简称《示范法》)。《示范法》成为了当事人调解的规则依据，使得调解具有了规范性，并增强了当事人使用此种争端解决方式时对过程和结果的可预见性。但是调解人无权将解决纠纷的办法强加于当事人。③ 因此，虽然其有利于争端的友好、平等解决，但因欠缺执行调解结果的相应规范，因此没有执行保证。

东道国当地救济又称当地救济，是指在国际投资争议发生后，争端双方向东道国的司法机构或政府寻求救济，依照东道国的实体法和程序法解决争端。④ 向东道国司法机构寻求的救济是司法救济，相应的，向东道国政府寻求的救济被称为行政救济。这种救济的国际法基础是国家的属地管辖权，国家有权对发生在其境内的人、物、事件依照本国的法律和政策进行管辖，这是国家主权的主要内容之一。然而客观来说，东道国法院不是解决国际投资争端的理

---

① 余劲松：《国际投资法》，法律出版社 2012 年版，第 312 页。

② 余劲松：《国际投资法》，法律出版社 2012 年版，第 312 页。

③ 《联合国国际贸易法委员会国际商事调解示范法》中文文本，http://www.uncitral.org/pdf/chinese/texts/arbitration/ml-conc/04-90952_Ebook.pdf.

④ 余劲松：《国际投资法》，法律出版社 2012 年版，第 317 页。

想场所,当一方是东道国政府,另一方是外国投资者时,东道国法院很难保持其中间立场,从而导致公正性缺失。并且在一些法律制度并不健全的发展中国家,其法律并不能解决投资争议的问题,最终无法对投资者提供相应的保护,从而抑制投资积极性。国家主权豁免及相关的一些规则,也常常成为外国投资者努力获得实质性救济时所无法逾越的障碍。[①]

外交保护是指投资者母国政府通过行使外交保护权,如同东道国政府进行外交谈判或提起国际诉讼,以解决国际投资争议的方式。[②] 外交保护是发达国家常用的保护其投资者的一种传统方法,当东道国当地救济无法为投资者提供公正的、充足的救济,而投资者又无法寻求其他帮助时,可以向投资者母国寻求外交保护。一旦投资者母国介入,即由投资者和东道国间的争议演变为两个主权国家间的问题。但是,早期这个方式为发达国家所利用,用来对发展中国家的内政进行干预,严重损害了发展中国家的国家主权和经济利益,引起了广大发展中国家的强烈反对。所以,时至今日,很少或者说没有争端当事方再选择这种争端解决方式。

以上国际投资争端解决方式都或多或少存在各种各样的弊端,为了和平有效地解决国际投资争端,应对日益增多的投资争议案件,国际投资仲裁作为一种行之有效的争端解决方式应运而生。本章将重点对国际投资仲裁进行界定,对其法律基础进行梳理和总结,并对其发展现状进行分析,指出在国际投资仲裁飞速发展的同时,不可避免地出现了正当性危机。

第一节　国际投资仲裁概述

一、国际投资仲裁的概念

国际投资仲裁就是指《解决国家和他国国民之间投资争议公约》(以下简称《华盛顿公约》)项下及其他多边条约、双边投资协定项下的解决国家和外国投资者间争议的仲裁。其起源于 1965 年《华盛顿公约》创设的国际投资争端解决机制(Investor-State Dispute Settlement Mechanism),至今已有 50 多年的历史。1965 年,经过世界银行倡议,美国、法国等一些发达国家与中非共和国等一

---

① Gary B. Born. International Arbitration: Law and Practice. Kluwer Law International BV. 2012: 150.

② 余劲松:《国际投资法》,法律出版社 2012 年版,第 324 页。

些发展中国家共同缔结了《华盛顿公约》，次年，解决投资争议国际中心（International Center for Settlement of Investment Disputes，ICSID）成立，作为执行公约、解决东道国与投资者之间直接投资争端的机构。[1] 公约的宗旨是当投资者和缔约国发生直接投资争议时，公约中包含了调解规则和仲裁规则可以供当事人选择适用，以方便争端双方进行调解和仲裁，促进争端的非政治化解决。公约提供了两种解决国际投资争议的方式，分别是调解和仲裁。后者即是我们这里所讲的国际投资仲裁，它是公约提供的最受投资者和东道国欢迎的解决方法，所有缔约国都有承认和执行中心仲裁裁决的义务。1978 年，中心又通过了"附加便利规则"，授权秘书处处理公约管辖范围外的争端，也就是争端所涉当事国一方或双方不属于公约缔约国的案件。[2]

国际投资仲裁起源于传统国际商事仲裁，特别是在初期，作为一种新的投资争端解决方式，其在很多方面借鉴了传统的商事仲裁，因此国际投资仲裁的许多规则和制度都和传统国际商事仲裁相同或相似。不仅如此，在制度和规则相似的同时，投资仲裁和传统商事仲裁中坚持的理念也很一致。[3] 比如说，传统商事仲裁中坚持的私有财产神圣不可侵犯的理念，投资仲裁也有所借鉴。国际投资仲裁和传统国际商事仲裁有着非常相似的制度设置。和传统国际商事仲裁一样，国际投资仲裁也是在双方的合意下进行的，尽管或许体现合意的形式不同于传统商事仲裁中的合意形式。在投资仲裁中，也是由当事人就特定纠纷选定仲裁员或由机构为当事人解决特定纠纷指定仲裁员，由仲裁员利用自身的专业知识对案件作出裁决，作出的裁决同样具有一裁终局性。很多情况下，投资仲裁会依据国际商事仲裁规则，比如说依《联合国贸易法委员会仲裁规则》进行，也会适用《承认与执行外国仲裁裁决公约》（简称《纽约公约》）对仲裁裁决进行承认和执行。

二、国际投资仲裁的法律基础

外国投资者在作出投资前希望能够看到法律上的稳定性。这种稳定性的表现方式之一就是有一个值得信赖的争端解决机制。当私人直接投资者和投资东道国之间发生争议时，如果可以将争议提交给一个独立的国际法庭来解决，那

---

[1]　贺小勇：《国际经济法学》，中国政法大学出版社 2008 年版，第 444 页。

[2]　张庆麟：《国际经济法》，武汉大学出版社 2014 年版，第 356 页。

[3]　袁杜娟：《投资条约仲裁对"国际商事仲裁"之借鉴与改革》，载《上海财经大学学报》2012 年第 1 期，第 124 页。

么他们将认为这个国家对于投资而言是相对安全的。如果一个国家的司法不是充分独立而是受到政府干预的，甚至政局也不稳定，那么在这个国家投资是不安全的，投资者一般不愿意到这种国家进行投资。如果主权国家同意与潜在的外国投资者之间达成解决国际投资争端的国际协议，那么投资者的投资行为将受到鼓舞。

为了应对由外国直接投资引起的争端，也为了给外国投资提供一个稳定、中立、有执行力的解决制度，国家间达成了许多专门性的多边和双边条约。其中比较重要除了上文提到的《华盛顿公约》，还有《北美自由贸易协定》等多边区域贸易协定，《东盟综合投资协定》和拉丁美洲、非洲的条约，《能源宪章条约》等多边行业协定，以及一系列双边投资协定（BITs）。这些条约通常既规定了保护外国投资的实体法律标准，也规定了专门的投资争端解决机制，即国际投资仲裁。有学者称，这些多边投资条约和双边投资协定有两个创新之处，一是赋予投资者一系列特定的实体权利，来保证稳定的投资环境，二是当投资东道国侵犯了投资者的这些权利时，为投资者提供直接有效的救济措施。① 这些投资条约和双边投资协定构成了国际投资仲裁的法律基础。

（一）《华盛顿公约》

1965 年，经过世界银行倡议，美国、法国等一些发达国家与中非共和国等一些发展中国家共同缔结了《解决国家和他国国民之间投资争议公约》（以下简称《华盛顿公约》）。《华盛顿公约》于 1965 年通过谈判并开放签署并于 1966 年 10 月 14 日正式生效，生效之时有 20 个国家批准加入。到 2020 年 6 月，已经有来自世界不同地区的 163 个国家签署了公约，其中 154 个国家正式批准加入公约。②

根据《华盛顿公约》，当缔约国与其他缔约国投资者发生投资争议时，公约中包含了调解规则和仲裁规则，可以供当事人选择适用，以方便争端双方进行调解和仲裁。公约向同意将仲裁交由《华盛顿公约》下的外国投资者和缔约国提供投资争端的机构仲裁制度。值得注意的是，根据《华盛顿公约》第 25 条

---

① Susan D. Frank. The Legitimacy Crisis in Investment Treaty Arbitration: Privatizing Public International Law through Inconsistent Decisions. Fordham Law Review, 2005, 4（73）: 1529.

② ICSID Database of Member States. http://icsid. worldbank. org/apps/ICSIDWEB/about/Pages/Database-of-Member-States. aspx? tab = AtoE&rdo = CSO.

第1款，《华盛顿公约》缔约国和缔约国投资者间因直接投资产生的任何争议，都在公约的管辖范围。争端双方要将同意仲裁的书面文件提交给中心，一旦提交给中心仲裁，争端双方都不得单方面撤销同意，不得再去寻求其他方式解决争议。①

从主体来看，要一方是缔约国，另一方是另一缔约国投资者，从客体要件来看，争议必须产生于投资且必须是法律争议；从主观要件上看，单单签署《华盛顿公约》并不能成为中心管辖权的依据，还必须以双方当事人的书面同意为前提。相反的，如果缔约国和另一缔约国国民间就争端仲裁没有达成书面协议，则国际投资争端解决中心仲裁将不能进行。这种合意的形式既可以是双边投资协定中的仲裁条款，还可以是国内投资法中的仲裁条款，也可以是投资者与东道国之间签订的投资协议。也就是说，中心对投资争端的管辖权不是强制性的，而是由争端双方自由选择的，一国签署了公约不意味着其所有争议都要提交给中心进行解决，公约的签署只是中心管辖权的一个前提。中心要获得管辖权，还必须有争议双方的书面同意。

如果当事人各方同意将争议提交国际投资争端解决中心仲裁，则《华盛顿公约》将会为国际投资争端解决中心仲裁程序的进行提供一个全面、独立运行的机制，几乎无须借助于任何国家的法律和法院。在这种机制下，仲裁庭被授予排他性的自裁管辖权来解决管辖权异议。同样的，国际投资争端解决中心仲裁裁决将得到缔约国法院的立即承认与执行，而不会受到程序上的拒绝执行或法院以其他任何形式进行的审查，不论是在仲裁地还是其他地方。②

(二)《北美自由贸易协定》

除《华盛顿公约》外，还有许多多边贸易协定发挥着类似的作用。《北美自由贸易协定》(North American Free Trade Agreement)是加拿大、墨西哥和美国签署的针对一系列贸易、投资和其他事项的多边协定。其第十一章既明确了对投资进行保护的实体规则，也明确了解决投资仲裁争端的程序规则。《北美自由贸易协定》提供的实体权利包括保护《北美自由贸易协定》投资者不受东道国的

---

①　余劲松主编：《国际投资法》，法律出版社 2012 年版，第 347 页。

②　《华盛顿公约》第 26 条第 1 款，当事人对仲裁的同意后，就不能在寻求别的争端解决方式。特别是，争端方不能再寻求国内司法救济；国内法院也不能对其进行管辖，不能妨碍中心的管辖权。第 53 条第 1 款规定：中心的裁决对双方都有拘束力，争端双方要执行裁决，不得上诉，也不得寻求其他方式的争端解决方式进行补救。

歧视性待遇、不公平或不公正待遇以及缺少适当补偿的征收。①

不同于《华盛顿公约》，成员国根据《北美自由贸易协定》实质性条款提起对另一成员国的仲裁请求时，并不再要求双方对仲裁的书面同意。《北美自由贸易协定》第十一章本身已经包含了成员国进行投资仲裁的合意，这使得其成员国投资者能够直接进入仲裁庭程序。②

虽然《北美自由贸易协定》将国际投资争端解决中心仲裁作为争端解决的一个选择，但墨西哥并不是《华盛顿公约》的签署方，而且加拿大也是在2013年10月1日才批准加入公约，因此NAFTA下的投资仲裁，在2013年以前是不能依公约进行裁决的，最常用的是《UNCITRAL仲裁规则》，其次是《ICSID附加便利规则》。

(三)《东南亚国家联盟综合投资协议》

东南亚国家联盟也建立了区域性投资保护机制。在2009年11月，东盟成员国签署了《东南亚国家联盟综合投资协议》(以下简称《东盟协议》)，旨在修改和扩展旧的1987年东盟《关于促进与保护投资协定》中的多项条款。与《北美自由贸易协定》及许多多边协议一样，东南亚国家联盟协议既包括实质性保护条款，也包括投资争端解决机制，其中包括仲裁的合意，在发生争端后，无须另外的书面合意即可进入仲裁。该协议适用于制造业、农业、渔业、林业、矿业、采石业以及东盟成员国间达成合意的其他任何领域。③

(四)《能源宪章条约》

《能源宪章条约》(Energy Charter Treaty，ECT)为其一缔约国投资者在另一缔约国领土内的投资提供专门的法律机制。截至2018年10月，《能源宪章条约》共有会员国55个(包括欧盟、欧洲原子能共同体和西非国家经济共同体)，包括了大部分欧洲国家和许多中亚、西非国家。和《北美自由贸易协定》《东南亚国家联盟综合投资协议》以及许多多边投资协定一样，《能源宪章条约》既提供实质性法律保护，也提供投资争端解决的程序。

---

① 《北美自由贸易协定》第十一章第1102、1103、1105、1110条分别规定了国民待遇、最惠国待遇、公平与公正待遇、征收。

② 参见《北美自由贸易协定》第十一章1122条。

③ 参见《东南亚国家联盟综合投资协议》第3.3条。

(五)双边投资协定

近年来，全球范围内的双边投资条约数量在不断增加，由20世纪80年代的不到400个，增长到2019年的2932个。① 双边投资协定在国际投资机制中扮演着重要角色。不同于NAFTA等多边贸易协定，双边投资协定是双边条约，只在两个缔约国间产生约束力。大多数双边投资协定都遵从共同的结构，并包含类似的条款，这是因为许多双边投资协定都是依照一些国家颁布的"示范性双边投资协定"。比如美国2004年即出台了《示范性双边投资协定》，2012年4月22日又颁布了2012年版"双边投资协定"(BIT)示范文本，替代了2004年版本。此外，加拿大、法国、德国、印度、哥伦比亚等国都有双边投资协定的示范文本。②

大多数双边投资协定为一方缔约国的投资者在另一方缔约国领土上的投资提供重要的实体保护规则，这些保护措施主要包括保证投资者免于受到无补偿征收、免于受到不公平、不公正待遇和歧视待遇。

双边投资协定包含不同的仲裁机制。一些双边投资协定规定在协议项下适用国际投资争端解决中心仲裁解决投资争端；另一些双边投资协定规定适用《联合国国际贸易法委员会仲裁规则》、仲裁机构仲裁(如国际商会仲裁院或斯德哥尔摩国际仲裁院)或临时仲裁；还有一些双边投资协定列出多种途径，供争端双方自由选择。

三、国际投资仲裁的"商事化"

通过上文对国际投资仲裁的部分特征分析我们可以看出，由于起源于传统国际商事仲裁，国际投资仲裁具有了一股浓浓的"商事气息"。有学者把传统商事仲裁对投资仲裁的影响，也就是投资仲裁对传统商事仲裁的借鉴，称为"投资仲裁的商事化"。③ 之所以会有投资仲裁商事化的特征，是因为投资仲裁机制的建立是受到商事机制的启发，而国家是其建立的推手，在设立一项新的制度时，借鉴于传统制度，特别是借鉴于有大量成功经验的制度，是在所难

---

① U. N. Conference on Trade and Development. World Investment Report 2019: Reforming International Investment Governance. http://unctad.org/en/PublicationsLibrary/wir2019_en.pdf.

② Canada Model BIT (2004), Colombia Model BIT (2007), France Model BIT (2006), Germany Model BIT (2008), India Model BIT (2003), U. S. Model BIT (2012).

③ 蔡从燕：《国际投资仲裁的商事化与去商事化》，载《现代法学》2011年第1期，第153页。

免的。

(一)国际投资仲裁"商事化"的表现

国际投资仲裁商事化的表现是多方面的,下文将从动态和静态的角度对国际仲裁商事化的表现进行总结。

国际投资仲裁商事化的静态表现,是指国际投资仲裁的规则、制度与国际商事仲裁相同或相似。其一,国际投资仲裁和国际商事仲裁一样,坚持意思自治。和国际商事仲裁一样,国际投资仲裁也是在双方的合意下进行的,尽管体现合意的形式不同于传统商事仲裁中的合意形式:在商事仲裁中,争端双方进行仲裁的合意往往通过仲裁条款或仲裁协议的形式表现,而在投资仲裁中,表现争端双方仲裁合意的往往是投资公约或双边投资协定。另外,在投资仲裁中,也是由当事人就特定纠纷选定仲裁员或由机构为当事人解决特定纠纷指定仲裁员,由仲裁员利用自身的专业知识对案件作出裁决,当事人还可以通过意思自治,对法律适用作出选择。其二,国际投资仲裁和国际商事仲裁一样,坚持一裁终局,不同于诉讼程序,为了提高效率价值,保证争端的快速高效解决,仲裁中坚持一裁终局、当事方不得上诉。其三,国际投资仲裁和国际商事仲裁一样,坚持保密性,争端双方关起门来解决矛盾,双方之间和仲裁庭都相互承担着保密义务。其四,投资仲裁和商事仲裁的裁决的承认与执行在很大程度上也有相似性,特别是 NAFTA 项下的仲裁,可以使用《UNCITRAL 仲裁规则》,此时裁决的承认与执行就也可以使用 1958 年《纽约公约》,和商事仲裁裁决同样得到承认与执行。

国际投资仲裁商事化的动态表现,主要是作为争端当事一方的国家的主权者性质往往被忽视,主权国家(投资东道国)和投资者被视为平等主体,也就是说,主权国家被视为商事主体。从这个角度看是更有利于保护投资者的,可以起到保护投资,促进和鼓励投资的作用,但是笔者认为国际投资仲裁"商事化"的弊大于利。

(二)投资仲裁商事化的弊端

上文已述,国际投资仲裁商事化的一大表现是将主权国家看作商事主体,认为主权国家与投资者处于平等地位。但是事实上,国家作为公法人具有许多不可被忽略的特点,在国际投资仲裁中,一旦忽略主权国家的公法人性质,将会造成严重的后果。国家的公法人地位不能被忽视,原因如下:其一,作为主权国家,国家具有保障公共利益的功能,不仅如此,为了实现保护公共利益的目标还衍生出了国家的一系列特权。其二，当主权国家作为投资争端一方的时候，其争端很可能涉及国家政策的问题，而国家政策也通常与公共利益、公共健康、环境等相关。如果此时忽略了国家的性质，仅仅将其视为商事主体，那么在仲裁的过程中难免会忽略公共利益，引起公众对投资争端解决机制的不满。

为此，必须对国际投资仲裁进行去商事化。

四、国际投资仲裁的去商事化

之所以要对国际投资仲裁进行去商事化，不仅仅是因为国际投资仲裁商事化会带来以上弊端，究其根本，还是因为国际投资仲裁与传统国际商事仲裁有本质上的区别。下文将进行具体阐述。

（一）国际投资仲裁与传统国际商事仲裁的区别

虽然投资仲裁的商事化特征明显，但是不可否认的是，国际投资仲裁和传统国际商事仲裁相比，在本质上存在明显的差异性，国际投资争端的解决有赖于独特的争端解决机制，国际投资争端解决中心仲裁与《纽约公约》下的国际商事仲裁在许多方面都有很大区别，除了在争端主体、争议事项方面存在明显差异外，还在法律适用、管辖权及仲裁庭组成等方面存在一定的特殊性。国际投资仲裁案件更多涉及政府行为、国家政策等相关问题。下文将从各个方面对国际投资仲裁的特征进行分析。

1. 争议主体方面的区别

国家与私人直接投资者之间仲裁的当事人通常一方是主权国家，另一方是另一国家的直接投资者，而国际商事仲裁的当事人双方是平等的商事主体。在国际投资发展的初级阶段，往往是由发达国家向欠发达国家进行资本输入，此时的原被告通常分别是发达国家的公司和欠发达国家（资本输入国），但近年来，很多发展中国家的经济开始崛起，它们不再仅仅是资本输入国，而是也开始鼓励本国企业到外国投资、进行资本输出，越来越多发展中国家的公司开始成为投资仲裁的原告。近年来，随着中国经济开放程度的提高，无论是中国作为被申请人还是中国投资者作为申请人的案件都开始涌现，并呈现增多的趋势。中国政府第一次作为被申请人的投资仲裁案是"伊桂兰公司诉中华人民共和国仲裁案"，其立案时间是 2011 年 5 月 24 日，2013 年 2 月程序中止；"韩国安城公司诉中华人民共和国案"，是中国政府第二次作为被申请方进入仲裁阶段的国际投资争端，2017 年 3 月 9 日，仲裁庭发布仲裁裁决，安城公司的仲裁请求被驳回。

与国际投资仲裁不同的是，国际商事仲裁通常涉及的争端主体是私人主体，双方处于平等地位，虽然有时候国家从事商事活动时，国家也可能成为商事仲裁的主体。

2. 仲裁依据方面的区别

国际投资仲裁中的主张及抗辩通常是根据某个双边投资保护条约或多边协议(如《北美自由贸易协定》或《能源宪章条约》)中规定的实质性保护条款所提出的。而这些协议是由投资东道国与投资者母国所签订的。而国际商事仲裁中的主张通常是契约性的，且契约是争端双方签订的。因此，国际投资仲裁通常会涉及条约或双边协定的解释和国际法，而国际商事仲裁往往涉及契约的解释及国内法特别是合同法的问题。

3. 仲裁准据法方面的区别

在 ICSID 投资仲裁领域，根据《华盛顿公约》第 42 条，仲裁庭要按照争端双方可能同意的法律作出裁决，如果当事人没有就法律适用问题作出协议，则可适用争端一方缔约国的法律以及可能适用的国际法规则。这一条款规定显示，东道国法律和国际法在国际投资仲裁案件中均具有可适用性，这里的"国际法"，应该理解为东道国和争议一方投资者母国缔结的双边或多边投资协定，为世界各国公认的与外国人待遇有关的规则和原则等。

与之不同的是，在传统国际商事仲裁中，通常根据当事人意思自治原则，由当事人选择适用的法律，而当事人选择的法律通常是国内法居多。如果当事人没有作出选择，由仲裁庭根据一定的规则来确定准据法，仲裁庭可以根据合适的冲突规则来确定适用的法律，也可以依照仲裁庭所在地冲突规则来确定适用的法律，也可以直接适用仲裁地法律作为准据法。也就是说国际投资仲裁具有适用国际法更多的特点，而国际商事仲裁具有适用国内法更多的特点。

4. 管辖权方面的区别

在国际投资仲裁中，国际投资仲裁管辖依照缔约国缔结或参加的多边或双边条约规定确定。目前世界上主要受理国际投资仲裁的机构有设在美国华盛顿特区的国际投资争端解决中心、瑞典斯德哥尔摩商会仲裁院、海牙常设仲裁法院、国际商会仲裁院以及根据联合国贸法会仲裁规则设立的临时仲裁庭。近年来，有越来越多的仲裁机构表示出对于受理国际投资仲裁的兴趣。2016 年 10 月 26 日，深圳国际仲裁院(又名华南国际经济贸易仲裁委员会)举行了新规则发布会，发布了最新版的仲裁规则及程序指引，新规则体系在一些制度上进行了创新，其中的一大亮点便是将投资仲裁纳入了受理案件范围，这是中国第一个内地仲裁规则规定可以受理东道国政府与他国投资者之间的投资纠纷仲裁案件。深圳国际仲裁院开了这个先例，可以预见，在未来的若干年里，将有越来越多的中国仲裁机构将业务拓展到投资仲裁。

国际投资仲裁和传统国际商事仲裁管辖权的来源形式不同。不同于传统国际商事仲裁，国际投资仲裁中对仲裁的意思表示，出现在投资者与东道国签订的投资协议中，也出现在国家间签订的投资条约和双边投资协定中，后者不是由争端一方的国家和投资者直接签订。而国际商事仲裁的管辖权直接来自当事人之间签订的仲裁协议或仲裁条款，因此不同于上述国际投资仲裁中的管辖权问题。国际商事仲裁中的管辖权争议主要有"长臂管辖"等问题，仲裁管辖权的争议相对较少。①

5. 仲裁庭组成方面的区别

国际商事仲裁作为解决私人间争议的方式，存在已久，其制度发展偏向成熟，也随之涌现出大批有经验的、专业的仲裁员，供当事人选择。目前，很多仲裁机构都可提供仲裁名册，当事人选择余地大。但是，一方面国际投资仲裁作为 20 世纪后半叶才出现的一种争端解决方式，从事相关活动的仲裁员较少，且仲裁员往往经验不足，这时候难免出现重复指定的现象。另一方面，因为国际投资仲裁的一方当事人是国家，仲裁中会涉及政治因素，因此很多时候对仲裁员的国籍也有要求。仲裁员的公正性和局限性都是投资仲裁需要解决的问题。

6. 与国家法院关系方面的区别

投资仲裁通常适用一套专门的法律机制，比国际商事仲裁更加"独立"或"自主"于各国法律和法院。根据《华盛顿公约》进行的投资仲裁尤其如此。《华盛顿公约》用一系列条款为国际投资争端解决中心仲裁建立一套自给自足的法律机制，包括：投资者不得就已经提交给国际投资争端解决中心仲裁的事项，再寻求其他包括国家法院在内的救济②；国际投资争端解决中心仲裁庭的组成完全由当事人和国际投资争端解决中心决定，不受仲裁地和其他任何地方的国家法院的干预③；国际投资争端解决中心仲裁庭对管辖权争议和临时性措施享

---

① 沈伟：《论中国双边投资协定中限制性投资争端解决条款的解释和适用》，载《中外法学》2012 年第 5 期，第 1050 页。

② See ICSID Convention, art. 26.

③ See NAFTA, art. 37-40.

有排他的决定权①；只有国际投资争端解决中心撤销委员会可以对国际投资争端解决中心的裁决进行审查并根据《华盛顿公约》限定的事由撤销裁决，仲裁地或其他地方的国家法院无权撤销或审查国际投资争端解决中心的裁决；国家法院必须承认国际投资争端解决中心裁决，无权进行司法审查，同时国家法院必须强制执行此种仲裁裁决确定的赔偿问题。② 而国际商事仲裁裁决要受到国家的司法监督，有可能被国家法院撤销或者被拒绝执行。

7. 保密性方面的区别

投资者与国家间仲裁通常具有较低的保密性，换句话说，就是具有更高的透明度。实践中，为了保护商业机密，国际商事仲裁裁决通常不会被公布，而国际投资争端解决中心的裁决等相关文件经常被公之于众。为了更高的透明度，2006 年，ICSID 对其仲裁规则进行了修改。修改后的第 37 条在明确仲裁庭有权接受法庭之友书面意见的同时，进一步明确了接受标准③，这些标准相比修改之前更加具体，适用性更强。此外，修改后的第 32 条规定，ICSID 仲裁庭可以允许第三方参加庭审，除非争端双方明确反对。与修改前的 32 条相比，大大增加了第三方参加庭审的可能性，可以说是投资仲裁向公众开放的一个重大突破。北美自由贸易协定也在增强透明度方面起到良好的带头作用，后文第三章中会进行具体阐述。

（二）去商事化的实践

21 世纪初，美国、加拿大等支持国际投资仲裁的国家纷纷意识到了商事化给国际投资仲裁的发展带来的弊端阻碍，开始推动国际投资仲裁的去商事化。美国在其 2004 年 BIT 范本中，强调了当主权国家作为争端一方时，与投资者在地位方面的区别。根据 BIT 范本第 30 条仲裁的法律适用条款，主权国家对本条约的解释对仲裁庭具有约束力，仲裁庭要根据主权国家对条约的解释作出裁决，与解释保持一致。另外，在美国 2004 年版的双边投资协定范本中第 29 条中，也规定了仲裁过程中的透明度问题，被申请人收到仲裁意向书、申请书等，要向社会公开，庭审的过程也向公众公开。这都是美

---

① See NAFTA，art. 26，art 47.

② See NAFTA，art. 53-55.

③ 这些标准是：当第三方可以带来一些和当事方不同的视角，而这些视角可以协助仲裁庭决定一些事实问题和法律问题时；当第三方可以在争议范围内提出新问题时；当第三方在此仲裁中有重大利益时。

国对投资仲裁的去商事化所作的努力。同时，国际社会也意识到了投资仲裁商事化的弊端，到 21 世纪初，ICSID 和 NAFTA 等纷纷提出对投资仲裁进行改革，或至少提到了进行改革的可能性。这些改革包括投资打破一裁终局、仲裁上诉机制的建立，也包括透明度改革。第二章将对这些努力进行全面的阐述。

第二节 国际投资仲裁的发展现状

从 20 世纪 60 年代起，国际投资仲裁的案件数量保持高速增长，国际投资仲裁涉及的国家也越来越多，在 230 个国家和地区中，已经有 130 多个国家和地区作为投资者母国或投资东道国参与到投资仲裁中。但是在飞速发展的同时，投资仲裁出现了正当性危机：在仲裁中对相似问题的解释缺乏一致性、损害国家主权和公共利益，而正当性危机的补救措施是引入投资仲裁上诉机制和投资仲裁透明度改革。

一、国际投资仲裁的飞速发展

国际投资仲裁的飞速发展表现在以下几个方面：一是国际投资仲裁案件的数量迅猛增加；二是投资仲裁案件涉及的国家越来越多，更多的国家成为仲裁案件中的投资东道国，同时也有更多的国家成为仲裁案件中的投资者母国。

（一）投资仲裁案件数量

在过去的几十年间，全球范围内外国直接投资额总体飞速增长，从 1982 年的总值 590 亿美元，增长到 2019 年的总值 13000 亿美元。[①]。伴随着国际投资的飞速发展，国际投资争端案件的数量也在急剧增加，截至 2020 年 6 月，ICSID 共受理 781 个案件，其中仲裁案件多达 769 个。除了 ICSID，其他仲裁机构也在解决国际投资争议方面发挥着作用。截至 2019 年年底，在斯德哥尔摩商事仲裁院登记的案件有 36 件，在国际商事仲裁院登记的有 6 件，在常设仲裁院登记的案件有 88 件，在其他机构登记的案件有 10 件。联合国贸易和发展会议网站上公布的从 1990 年至 2019 年，每年发起的投资仲裁案件数量

---

① U. N. Conference on Trade and Development. World Investment Report 2019: Reforming International Investment Governance. http://unctad. org/en/PublicationsLibrary/wir2015_en. pdf.

（Arbitrations initiated）和每年做出的仲裁裁决数量①（Arbitral decisions issued）如表 1 所示。

表 1　　　　　　　　　1990 年至 2019 年国际投资仲裁数量

年份	发起仲裁案件数	做出的仲裁裁决数量
1987	1	0
1988	0	0
1989	0	0
1990	0	1
1991	0	0
1992	0	0
1993	1	0
1994	2	1
1995	2	1
1996	6	1
1997	7	3
1998	11	5
1999	14	6
2000	13	16
2001	16	15
2002	25	17
2003	38	18
2004	42	22
2005	40	23
2006	27	39
2007	45	40
2008	39	40

---

① Investment Dispute Settlement Navigator. http：//investmentpolicyhub. unctad. org/ISDS/FilterByYear.

年份	发起仲裁案件数	做出的仲裁裁决数量
2009	41	45
2010	36	53
2011	54	31
2012	55	59
2013	69	59
2014	59	67
2015	86	66
2016	76	66
2017	79	78
2018	84	70
2019	55	86

从表 1 可以看出，从 1987 年到 1996 年间，提交仲裁的投资争议案件只有 12 件，而从 1997 年到 2006 年这 10 年的时间里，投资仲裁案件的数量已经达到 232 件，比上一个 10 年增加近 20 倍，而 2007 年到 2016 年这 10 年间，投资仲裁案件的总数达到 495 件，比上个 10 年又增加了一倍之多，可见国际投资仲裁发展迅速。从 1998 年开始，投资仲裁案件的数量开始保持在两位数，并且 2011 年到 2019 年，每一年的投资仲裁案件达到 50 件以上，不仅案件数量多，而且数值开始趋于平稳。由此可见，国际投资仲裁作为解决国际投资争议的方式之一，正在为越来越多的国家和投资者所接受。

(二) 投资仲裁涉及的国家

根据表 2 可知，在世界上 230 个国家和地区中，已经有 130 多个国家和地区作为投资东道国或者投资者母国参与到了投资仲裁中，这个数量已经占到国家总数的一半以上。其中有 109 个国家做过投资仲裁被申请人，做被申请人次数最多的是阿根廷，共 59 次，其次是委内瑞拉、埃及、捷克共和国。可以发现，欠发达国家更多地作为被申请人出现在投资仲裁中，而英国、法国等老牌资本主义国家则很少作为被申请人，笔者认为原因有以下几点：其一，与发达国家相比，这些国家和地区往往有更多的投资机会，能吸引更多的外资，投资争端数量随之增加；其二，为了发展经济，引进资金，这些国家和地区也往往会在初期出台一些非常优惠的投资政策，吸引外国投资者；其三，这些国家和地区的政策和立法通常不够稳定，有些引进外资的政策"朝令夕改"，从而产生大量投资纠纷，不够稳定的政治局势也会使外国投资者面临更多政治风险，比如说，其可能会对外国投资进行不恰当的国有化或征收征用，剥夺投资者对投资和收益的所有权或控制权，导致外国投资者提起仲裁。

根据表2我们可以看到，有72个国家的投资者作为投资仲裁的申请人参与到投资仲裁中，其中提起仲裁次数较多的是美国、荷兰、英国、德国、法国的投资者，分别是164次、89次、64次、58次、40次。笔者认为原因如下：一是这些发达国家的经济实力雄厚，为了进行资本扩张、抢占国际市场，普遍鼓励本国私人进行对外直接投资；二是这些国家的投资者通常对投资东道国的法庭及司法制度表示不信任，担心东道国国内的司法机构不能对争议作出公正裁决。因此，它们更倾向于将争议提交国际投资仲裁。

表2　　　　　　　　　　各国和地区参与国际投资仲裁的情况①

编号	国家和地区	作为投资东道国	作为投资者母国
1	阿尔巴尼亚	7	0
2	阿尔及利亚	6	0
3	阿根廷	59	3
4	亚美尼亚	2	0
5	澳大利亚	1	3
6	奥地利	1	16
7	阿塞拜疆	2	0
8	巴哈马	0	2
9	孟加拉国	1	0
10	巴巴多斯	1	5
11	比利时	1	16
12	伯利兹城	3	0

---

① The ICSID Caseload-Statistics. http：//icsid. worldbank. org/en/pages/resources/ICSID-Caseload-Statistics. aspx.

编号	国家和地区	作为投资东道国	作为投资者母国
13	百慕大群岛	0	1
14	玻利维亚	14	1
15	波黑	2	0
16	英属维京群岛	0	1
17	保加利亚	8	0
18	布隆迪	4	0
19	佛得角共和国	1	0
20	喀麦隆	1	0
21	加拿大	26	42
22	智利	3	7
23	中国	2	4
24	哥伦比亚	2	0
25	刚果	4	0
26	哥斯达黎加	9	1
27	克罗地亚	6	3
28	塞浦路斯	3	19
29	捷克共和国	33	4
30	丹麦	0	5
31	多米尼加共和国	4	0
32	厄瓜多尔	22	0
33	埃及	28	3
34	萨尔瓦多	3	0
35	赤道几内亚	1	0
36	爱沙尼亚	4	1
37	埃塞俄比亚	1	0
38	芬兰	0	2
39	法国	1	40

续表

编号	国家和地区	作为投资东道国	作为投资者母国
40	加蓬	2	0
41	冈比亚	1	0
42	格鲁吉亚	8	0
43	德国	3	53
44	加纳	2	0
45	直布罗陀	0	2
46	希腊	3	13
47	格林纳达	1	0
48	危地马拉	3	0
49	圭亚那	1	0
50	中国香港特别行政区	0	1
51	匈牙利	14	1
52	印度	20	3
53	印度尼西亚	7	0
54	伊朗	1	1
55	爱尔兰	0	1
56	以色列	0	3
57	意大利	6	30
58	日本	0	2
59	约旦	8	5
60	哈萨克斯坦	17	4
61	肯尼亚	1	0
62	韩国	3	3
63	科威特	0	5
64	吉尔吉斯斯坦	12	0
65	老挝人民民主共和国	3	0
66	拉脱维亚	6	2

续表

编号	国家和地区	作为投资东道国	作为投资者母国
67	黎巴嫩	4	3
68	莱索托	1	0
69	利比亚	2	0
70	立陶宛	5	3
71	卢森堡公国	0	33
72	中国澳门特别行政区	0	1
73	马其顿	3	0
74	马达加斯加	2	0
75	马来西亚	3	3
76	马耳他	0	2
77	毛里求斯	1	6
78	墨西哥	24	1
79	摩尔多瓦	10	1
80	蒙古国	4	0
81	黑山共和国	2	0
82	摩洛哥	2	0
83	莫桑比克	1	0
84	缅甸	1	0
85	荷兰	0	89
86	尼加拉瓜	1	0
87	尼日利亚	1	0
88	挪威	0	4
89	阿曼	3	2
90	巴基斯坦	9	0
91	巴拿马	5	3
92	巴拉圭	3	0
93	秘鲁	12	2

续表

编号	国家和地区	作为投资东道国	作为投资者母国
94	菲律宾	5	0
95	波兰	21	5
96	葡萄牙	0	5
97	卡塔尔	0	2
98	罗马尼亚	13	1
99	俄罗斯	23	12
100	沙特阿拉伯	1	1
101	塞内加尔	3	0
102	塞尔维亚	7	0
103	塞舌尔	0	1
104	新加坡	0	3
105	斯洛伐克	12	1
106	斯洛文尼亚	3	1
107	南非	1	2
108	西班牙	34	37
109	斯里兰卡	4	0
110	苏丹	1	0
111	瑞典	0	8
112	瑞士	0	24
113	阿拉伯叙利亚共和国	1	0
114	塔吉克斯坦	1	0
115	坦桑尼亚	2	0
116	泰国	1	0
117	特立尼达和多巴哥	1	0
118	突尼斯	1	1
119	土耳其	11	20
120	土库曼斯坦	8	0

续表

编号	国家和地区	作为投资东道国	作为投资者母国
121	乌干达	1	0
122	乌克兰	19	9
123	阿拉伯联合酋长国	2	3
124	英国	1	64
125	美国	16	145
126	乌拉圭	2	0
127	乌兹别克斯坦	7	0
128	委内瑞拉	40	1
129	越南	4	0
130	也门	3	0
131	津巴布韦	3	0

二、国际投资仲裁正当性危机

自 20 世纪末期，随着经济全球化，各国相互之间的直接投资增多、投资额巨大，由此产生的矛盾也越来越多，为此，很多国家间开始缔结投资条约或双边投资协定，用来规范投资、解决争议。这一时期的国际投资仲裁案件数量开始猛烈增长。从上节表 1 可以看出，自 1987 年至 1996 年的 10 年间，全国国际投资仲裁案件合计仅 12 件；自 1997 年至 2016 年的 10 年间，全球国际投资仲裁案件合计已达 727 件。伴随着经济的发展，投资仲裁出现了许多新的特征，比方说，早期投资仲裁的当事方通常一方是发展中国家，另一方是发达国家投资者。而现在，随着发展中国家经济的崛起，很多发展中国家公司也开始走向海外，逐渐成为被提起投资仲裁的对象。不过，近年来国际投资仲裁最重要的发展特点是出现了国际投资仲裁的"正当性危机"（The Legitimacy Crisis）。

所谓投资仲裁的正当性危机，是由于投资仲裁中存在的制度缺陷而引发的公众对此机制的不信任，此信任危机就是我们所说的正当性危机。[1] 也有学者

---

① 陈安：《国际投资法的新发展与中国双边投资条约的新实践》，复旦大学出版社2007 年版，第 165 页。

认为，危机这一说法有些夸大其词，而应该称其为不足或合法性缺失。① 本书为了统一说法，将其统称为正当性危机。本部分将对正当性危机出现的背景、正当性危机的表现及拯救措施进行阐述，并重点引出作为拯救措施之一的透明度改革。

（一）国际投资仲裁正当性危机的背景

20 世纪 60 年代起至 20 世纪 90 年代以前，国际投资仲裁作为一种新的投资争端解决方式几乎无人问津，而 20 世纪 90 年代后，随着经济的迅速崛起，各国之间经济交往频繁，跨国投资现象增多，国家间开始签订双边投资协定和投资条约，这些双边投资协定和条约中都规定了投资仲裁作为争端解决机制，投资者有权将违反条约义务的东道国诉诸投资仲裁，致使东道国的国家措施和政府政策受到审判和动摇，而投资者也纷纷利用这一点维护投资权利，实现权利最大化，其最终结果就是投资仲裁案件数量开始迅速增加。而为了鼓励私人直接投资行为，也为了保护私有财产，仲裁的结果往往是投资者胜出，投资东道国要面临巨额赔偿。虽然仲裁庭只能要求东道国承担赔偿责任，无权要求其变更国内政策、法律规则，但是作出赔偿的后果往往导致国内管制措施不能再继续执行，也就是说，承担赔偿责任这一后果阻碍了东道国继续维持其管制措施，不仅损害了投资东道国纳税人的利益，而且侵犯了国家主权。不仅如此，大多数投资仲裁都具有临时仲裁的性质，因此针对相同或相似问题可能作出不同的裁决，导致投资仲裁裁决间缺乏一致性，降低公众对此机制的可预见性，引发质疑。

20 世纪 90 年代中期，NAFTA 的生效和运作进一步加剧了对国际投资仲裁功效的怀疑。NAFTA 是在发达国家间引入投资争端解决机制的第一个区域性贸易协定，而自协定生效后，两国的投资者频繁的向对方国家提起投资仲裁，冲击和挑战对方国家正常的立法和政策，而仲裁庭又一贯保护私有财产而置国家主权和公共利益于不顾，导致两国国内学者和公众对此机制的不满，开始对其正当性进行讨论和批判。学界把投资仲裁面临的这种质疑，称为"投资仲裁的正当性危机"。

---

① 郭玉军：《论国际投资条约仲裁的正当性缺失及其矫正》，载《法学家》2011 年第 3 期，第 143 页。

(二)国际投资仲裁正当性危机的表现

投资仲裁出现了正当性危机表现在仲裁中对相似问题的解释缺乏一致性、忽视国家主权和公共利益。

1. 投资仲裁裁决缺乏一致性、可预见性

仲裁裁决缺乏一致性是指,不同的案件中,仲裁庭对相同或相似的投资条约条款作出不同的甚至相互冲突的解释。有学者又将其分为两种情形,第一种是在两个独立的案件中,案情基本相似、为同一个投资人或关联方、投资权利相似,但因为由不同的仲裁庭裁决,最后对相同的问题得出不同的仲裁裁决;第二种是两个独立案件,都涉及投资者的相关权利,但是不同的仲裁庭对投资权利作出不同的或相冲突的解释。[1] 下面,笔者将通过对投资仲裁两个案件的案情及仲裁结果的比较,来说明不同仲裁庭对投资条约中相同或相似条款解释的不一致现象:

投资保护条约中通常会涉及"公平公正待遇"(Fair and Equitable Treatment)条款,而"公平公正待遇"是等同于习惯国际法上的"最低待遇标准",还是作为独立自主的外资待遇标准(即以单独规定的形式体现在投资条约中),却被仲裁庭作出了不同的解释。NAFTA 第 1105 条规定,每一缔约方都要根据国际法给予另一缔约方的投资者以待遇,包括公平公正待遇和充分的保护与安全。[2] 在 Metalclad Corporation v. United States 案件中,[3] 仲裁庭将公平和公正待遇进行了扩大解释,超出了习惯国际法上的国际最低标准,而在同样适用 NAFTA 第 1105 条的 Loewen v. United States 案件中[4],仲裁庭又明确,公平和公正待遇标准仅限于习惯国际法上的最低标准。

仲裁庭对同一投资条约的同一条款的不同解释,会导致人们对该仲裁体制的不信任,甚至造成国际社会对整个投资仲裁机制丧失信心。不仅如此,对投资条约解释的不一致还会导致未来的投资仲裁实践缺乏可靠的先例指导,削弱投资者和东道国对仲裁结果的可预见性和对自身权利的理解。

值得我们思考的是,对于国际商事仲裁为何没有关于一致性的批判?笔者

---

① 刘笋:《国际投资仲裁裁决的不一致性问题及其解决》,载《法商研究》2009 年第 6 期,第 139-140 页。

② See NAFTA, art. 1105 (1).

③ See Metalclad Corporation v. United States, ICSID Case No. ABR/97/1.

④ See Loewen Group, Inc. V. United States, ICSID Case No. ABR/98/3.

认为，这是由国际商事仲裁和国际投资仲裁的差异造成的。第一，国际投资仲裁适用的是国际投资法，而这些规定投资者实体权利的投资条约和双边投资协定往往不够清晰、具体，且缺乏解释机制，仲裁庭自然很难对其作出一致的解释。而国际商事仲裁中适用的法律，总的趋势是选择东道国法律，国内法往往更清晰、具体，因此国际商事仲裁裁决自然会比国际投资仲裁裁决具有更高的一致性。第二，较之国际投资仲裁，国际商事仲裁的秘密性程度更高，仲裁裁决及相关仲裁文件公开的更是少之又少，因此人们无从对其仲裁的解释和裁决的一致性问题进行批判。

2. 国际投资仲裁裁决忽视国家主权和公共利益

国际投资仲裁起源于国际商事仲裁，因此在制度方面有很高程度的相似性。首先，与国际商事仲裁一样，国际投资仲裁的仲裁员也是由双方指定，因此，仲裁员仅对双方负责，而不对公众负责，在仲裁的过程中，仲裁员更多地考虑的是双方经济利益，导致忽略公共利益。其次，仲裁庭的管辖权来自当事人的授权，因此在实践中也只是狭隘地考虑当事方的共同利益，忽略公共利益。最后，国际投资仲裁中的仲裁员也和国际商事仲裁员一样重视对私人利益的保护，秉承私有财产神圣不可侵犯的原则。在国际商事仲裁中，这一价值取向没有问题，因为其所处理的就是私人之间的纠葛，但国际投资案件不一样，其往往涉及投资东道国的巨额赔偿，而这些赔偿的压力最终都会压到东道国国民（纳税人）的身上，这可能会影响东道国百姓的生计，而且过于看重和保护私有财产的结果，就会使国家主权和公共利益被忽视。因此，这就要求仲裁庭和仲裁员对案件涉及的公共利益和国家主权问题予以充分关注。然而，实践证明，国际仲裁庭和仲裁员在这方面做得还有些不足：出于保护私有财产、鼓励投资的目的，他们往往给投资者更多的保护而加重投资东道国的条约义务，放大东道国责任，最终裁定东道国对投资者进行经济赔偿。①

3. 国际投资仲裁程序不够透明

第一，现代法律体系中的公正价值首要体现在程序的透明上。② 程序公开的价值大于任何监督措施的价值，如果没有程序公开，其他所谓的监督都会成

---

① 陈安：《国际投资法的新发展与中国双边投资条约的新实践》，复旦大学出版社2006年，第169页。

② Navven Gurudevan. An Evaluation of Current Legitimacy-based Objections to NAFTA's Chapter11 Investment Dispute Resolution Process. San Diego International Law Journal，2005(6)：426.

为"面子工程"。第二，国际投资仲裁的特殊性要求其程序增强透明度。如上所述，国际投资仲裁虽然起源于国际商事仲裁，但又有本质区别。国际商事仲裁解决的是私人之间由于商事关系引发的纠纷，影响的是私人双方之间的利益分配，与公共利益无关。因此，为了保护商业机密、维护自身市场形象，国际商事仲裁通常坚持秘密性，即对仲裁程序和仲裁文书都不公开。与之不同的是，国际投资仲裁会涉及国家主权、公共利益、环境保护等民众更加关心的问题，程序透明更应该得到保证，比方说，允许争端当事方之外的第三方向仲裁庭发表自己的意见，并且提供渠道，使第三方能够知悉仲裁相关文书，如申请书、答辩书、仲裁裁决等文件。

(三)国际投资仲裁正当性危机的原因

首先，国际投资仲裁具有特殊性，和一般的国际商事仲裁不同，国际投资仲裁会涉及国家主权、公共利益、环境保护等民众更加关心的问题，但是投资仲裁却在很大程度上依赖于国际商事仲裁的规则和程序。举例来说，根据《北美自由贸易协定》，争端双方可以选择的仲裁规则有三个：一是 1965 年《华盛顿公约》中的仲裁规则。二是 1978 年中心制定的附加便利规则，三是 1976 年《联合国贸易法委员会仲裁规则》。但是由于墨西哥并不是《华盛顿公约》的签署方，而且加拿大也是在 2013 年 10 月 1 日才批准加入公约，因此 NAFTA 下的投资仲裁，最常用的是《UNCITRAL 仲裁规则》。《UNCITRAL 仲裁规则》由联合国贸易法委员会于 1976 年 12 月 15 日通过，根据联合国大会于 1976 年 12 月 15 日 31/98 号决议，制定规则的初衷和目的是"建议使用《联合国国际贸易法委员会仲裁规则》解决国际商业关系中引起的争端，并特别在商业合同中提到《贸易法委员会仲裁规则》"[①]。也就是说，此规则是为国际商事仲裁而设计，而不是专门为国际投资仲裁，这种程序规则会忽视投资仲裁的公共功能性质。

国际投资仲裁适用国际商事仲裁规则和程序带来的结果是双面的。一方面，国际投资仲裁的裁决可以像国际商事仲裁裁决一样，得到承认与执行方面的保障。1958 年 3 月在联合国总部召开的国际商事仲裁会议上达成了《承认与执行外国仲裁裁决公约》(1958 年《纽约公约》)，确保依据有效的仲裁协议作出的仲裁裁决在任何缔约国境内得到承认与执行。另一方面，国际投资仲裁适

[①]　《大会正式记录，第三十一届会议，补编第 17 号》(A/31/17)，第五章，C节．http://www.uncitral.org/pdf/chinese/texts/arbitration/arb-rules/arb-rules-c.pdf.

用国际商事仲裁的规则和程序，也使得国际投资仲裁不可避免地具有了保密性。众所周知，保密性是国际商事仲裁的主要特征之一，也是当事人选择国际商事仲裁作为争端解决方式的主要原因之一。根据保密性原则，仲裁过程只有双方当事人和仲裁庭参与，相关文件甚至仲裁结果也只有当事方和仲裁庭才能接触到，第三方无从获知。然而当国际投资仲裁承袭这种保密性时，却得到国际社会的诟病，因为不同于国际商事仲裁，国际投资仲裁解决的是发生在投资者和东道国之间的争议，这些争议往往涉及国家的公共政策，而这些争议的处理在很大程度上会给公共利益、公众健康或者环境保护带来影响。① 仲裁过程和相关文件的不公开，会降低大众对此争端解决机制的信赖。

其次，实体法规则缺失或规定模糊。很多双边投资协定和投资条约规定模棱两可，不具有可操作性，又缺乏有效的解释机制，因而仲裁庭在适用的时候会出现很多争议，造成投资仲裁缺乏一致性，而缺乏一致性又导致公众对此机制的可预见性下降，影响公众对其信赖程度。

最后，某些仲裁员对国际投资仲裁的认识不足，对国际投资仲裁和国际商事仲裁的不同没有正确区分，表现如下：承袭了国际商事仲裁，在国际投资仲裁案件中，仲裁员继续坚持私有财产神圣不可侵犯的价值理念；国际投资仲裁是由当事人临时指定仲裁员解决特定问题，仲裁员仅对争端双方负责而不对公众负责，导致其易忽略国家主权、公共利益和环境保护等公众普遍关系的问题；对仲裁员缺乏有效的追责机制。

(四) 国际投资仲裁正当性危机的补救

投资仲裁的正当性危机出现之后，国际上采取了一系列拯救措施，分别是在投资仲裁中引入上诉机制，同时进行投资仲裁透明度改革。

1. 引入国际投资仲裁上诉机制

包括 ICSID 机制在内的国际投资仲裁制度和国际商事仲裁一样，长期以来坚持一裁终局。在国际商事仲裁中，法院对不公正的程序及仲裁结果可以进行司法监督，对仲裁进行审查，在满足法律规定的一定条件时，可以裁定不予执行。但是国际投资仲裁与此不同，前文也已经提到，在国际投资仲裁中，任何国家的法院都无权对国际投资仲裁进行干涉，也无权对国际投资仲裁进行司法审查，各国的法院等司法机构都必须接受投资仲裁机构作出的仲裁结果。那

---

① J. Anthony VanDuzer. Enhancing the Procedural Legitimacy of Investor-State Arbitration through Transparency and Amicus Curiae Participation. McGill Law Journal, 2007(52): 682.

么，当投资仲裁公正性出现问题时，当事方的权利如何得到救济？对此，《华盛顿公约》第 52 条中确立了撤销机制：裁决作出后，仲裁双方都可以申请组建一个临时性的撤销委员会，对仲裁裁决进行审查，撤销委员会由秘书长任命并由三名成员组成。

我们不得不认识到，ICSID 中投资仲裁裁决的撤销只是有限的救济措施：对仲裁裁决进行审查后，撤销委员会只有两种选择，一是撤销任何部分或全部的仲裁裁决，二是维持原裁决，其无权对仲裁裁决的内容进行修改，也无权将仲裁裁决发回原仲裁庭重审。一旦仲裁裁决被撤销，争议双方可以将争议提交给新的仲裁庭进行解决；① 同时，请求委员会对仲裁裁决进行撤销的基础也是有限的。根据《华盛顿公约》第 52 条，只有在以下五种情形出现时，才可以请求撤销委员会对仲裁裁决进行撤销：仲裁庭组建不合理；仲裁庭超越权限、越权裁决；仲裁庭成员中出现腐败现象；出现严重违背程序规则的现象；仲裁裁决中没有阐明裁决做出的理由。根据上述五种情形我们可以看出，仲裁裁决的撤销程序仅限于对程序合法性和合理性的审查，并没有涉及对裁决实质性问题的纠正。而且，撤销机制存在很大缺陷：首先，撤销的依据，也就是第 52 条，存在于《华盛顿公约》中，而该公约仅适用于投资者所在国和东道国都是公约缔约国的情形，适用范围有限，当投资者所在国或东道国有一方不是公约缔约国时，则无法得到撤销机制的救济；其次，撤销委员会是临时性的、根据秘书处的指定组成的，每个案件的撤销委员会都会由不同的仲裁员组成，因而难以保证撤销程序的一致性，也难以对其进行监管。这种情形加剧了投资仲裁的正当性危机。因此，国际社会上开始倡导建立国际投资仲裁上诉机制。

早在 2002 年 8 月，美国国会通过了《贸易促进授权法案》(*Bipartisan Trade Promotion Authority Act of* 2002)，并明确"成立上诉机构或类似机构，以增强仲裁程序中对贸易协议中投资条款解释的一致性"。②《贸易促进授权法案》，是美国国会授予总统在一定时间内，对外谈判签订某些贸易协定的一项授权，对于这些协议的结果，国会只能表示接受或反对，而不能修改其内容，目的是让行政机关更有效率地与他国谈判，避免逐项向国会咨询意见而耽误谈判进程。在此法案的授权下，2003 年美国与智力签订了《美国—智利自由贸易协定》。此协定在第十章的附加条款 H 中指出，在协议生效之后的三年内，双方将考

---

① ICSID Convention，Article 52(6).

② 19U. S. Code § 3802 (b) (3) (G) (iv). Bipartisan Trade Promotion Authority Act of 2002. http：//www. law. cornell. edu/uscode/text/19/3802.

虑建立双边上诉机构或者类似机构，来审查第十章争端解决机制下产生的仲裁裁决。① 2004 年的美国双边投资协定范本在附件 D 中也作出了相同的规定。② 2012 年双边投资协定范本延续了此规定，在第 28 条第 10 款中提到，如若之后其他机构在投资仲裁中引入上诉机制，双方应考虑上诉机制是否适用于依据第 34 条作出的仲裁裁决。③ 不过，无论是在美国与智力签订的双边贸易协定中，还是在 2004 年、2012 年的双边投资协定范本中，都没有关于如何实施上诉机制的具体规定。总而言之，美国在早期实践中只是强调建立投资仲裁上诉机制的可能性而没有出台具体的实施方案，

20 世纪 90 年代开始，ICSID 也开始考虑进行投资仲裁上诉机制改革。在一份命名为《ICSID 仲裁框架的修改可能性》的 ICSID 秘书处的讨论文件中，提了建立上诉机构的可能性。④ 该文件指出，已经有一些投资条约开始直面，并最终创设了上诉机制，更多的条约正在协商中，到 2005 年年中旬，有 20 多个国家签订的投资条约中包含建立上诉机制的条款，这些国家中的大多数是《华盛顿公约》的缔约国。该文件进一步指出，引入上诉机制的目的是增强投资仲裁过程中对条约解释的一致性，也可以给相关利益方解决争端提供一个更多的选择，也会增强国际社会对投资仲裁的接受度，通过引入上诉机制，更好地平衡仲裁的效率和仲裁裁决的一致性、化解正当性危机。该文件在附件中描述了此上诉机制的特征：

首先，此机制既适用于 ICSID 仲裁、UNCITRAL 仲裁，也适用于其他任意投资条约中投资者—国家争端解决条款下的仲裁。由中心的秘书处提名，行政理事会选择 15 人组成上诉小组，其中的 8 名成员为 3 年任期，其他成员为 6 年任期。每个成员都要在来自不同国家，并具备国际投资法和投资条约的专门知识。当事方提出上诉申请后，由秘书处与当事双方协商后指定 3 名成员组成上诉仲裁庭。

其次，对于仲裁裁决提起上诉的基础，不仅有《华盛顿公约》第 52 条中的

---

① Annex 10-H, U. S. -Chile FTA. http://ustr. gov/sites/default/files/uploads/agreements/fta/chile/asset_upload_file1_40.

② Annex D, 2004 Model BIT. http：//www. state. gov/documents/organization/117601. pdf.

③ See Article 28. 10, 2012 Model BIT.

④ Possible Improvements of The Framework for ICSID Arbitration. http：//icsid. world-bank. org/apps/ICSIDWEB/resources/Documents/Possible% 20Improvements% 20of% 20the% 20-Framework%20of%20ICSID%20Arbitration. pdf.

五种情形，也就是仲裁庭组建不合理、仲裁庭越权裁决、仲裁庭成员中出现腐败现象、出现严重违背程序规则的现象、仲裁裁决中没有阐明裁决作出的理由，除了该公约的第52条中的五种程序问题，文件中又增加了一个上诉基础，即仲裁裁决中出现严重的事实错误，也就是说，当事人不仅可以就程序问题上诉，也可以就实体问题上诉。

再次，上诉仲裁庭可以维持原裁决、修改原裁决或推翻原仲裁庭重新裁决，当然，也可以根据该公约的第52条，对其全部或部分撤销。被上诉仲裁庭维持、修改的裁决即是最终裁决，而被撤销的仲裁裁决则要提交给新的仲裁庭进行裁决。

最后，在漫长的过程中，ICSID被一系列规则所充实，这其中就包括《华盛顿公约》《ICSID仲裁规则》和《ICSID便利规则》，其中《ICSID便利规则》适用于投资者或东道国任一方不是缔约国的情形。对《华盛顿公约》的修改要经过全体缔约方的认可，而要获得所有缔约方一致的认可，需要一个非常漫长的过程。① 因此，此文件建议在ICSID规则框架外，设立一个独立、永久的上诉便利机制，制定上诉便利规则。这种规则不同于《华盛顿公约》，只需行政理事会通过即可生效，在程序上更简便快捷。

2017年9月21日，《加拿大—欧盟全面经济贸易协议》(*The Comprehensive Economic and Trade Agreement*，CETA)正式生效。在此之前，经过长达六年的谈判和努力，欧盟、加拿大经贸协议的最终文本于2014年8月5日问世。在2014年9月26日的欧盟—加拿大峰会上，欧盟主席巴罗佐、范龙佩与加拿大总理哈珀共同宣告CETA谈判的完成，并正式公布长达519页的CETA与长达1462页的5个附件。根据CETA，欧盟和加拿大间98%的进口关税将会被取消，并且服务和投资的市场准入机会大大增加。协议内容涉及政府采购、投资保护、知识产权、卫生与动植物检疫措施、地理标志、可持续发展、监管合作、互相认可、贸易便利、原材料合作、争端解决和贸易技术壁垒等。2015年2月29日，欧盟和加拿大宣布对投资保护条款进行了修改，修改后的国家—投资者间争端解决机制是对以往投资争端解决机制的重大突破，以图为争端双方提供一个更公正、更透明的争端解决方式，在为投资者提供更高级别保护的同时，保护国家主权和政府制定规则的权力，特别是在保护公众健康、公共安全和环境保护等涉及公共政策的领域，确保争端的有效解决，并提供程序

---

① 根据ICSID官网数据，截至2016年，公约的签署方达到160个，其中152个国家正式批准加入公约。

保障。CETA 中投资争端解决章节的创新之处体现以下方面：

第一，组建常设仲裁庭。投资章节中涵盖了欧盟对于投资争端解决的新尝试，根据 CETA，投资争议案件将由常设仲裁庭来裁决，而不再是传统的由投资者和国家临时指定仲裁员的方式。也就是说，CETA 一旦生效，由欧盟和加拿大联合委员会(CETA Joint Committee)在其第一次会议上选定 15 个仲裁员组成仲裁员名单，每位仲裁员一经任命，任期为五年，特殊情况可延长至六年。在违反投资条约的情况发生时，在名单中随机选择三位仲裁员组成仲裁庭，对争议做出裁决。

第二，首次对仲裁员实施有拘束力的行为规约(Code of Conduct)。仲裁员要具备国际贸易法、国际投资法的专业知识，还必须具备相关投资争端解决的经验，每个仲裁员都必须独立作出仲裁裁决，而不应附属于任何政府机关，也不得接受政府或任何组织的指示。不仅如此，每个仲裁员都要遵守附件中的行为规约，此规约以律师协会道德准则为蓝本，仲裁员一旦违反行为规约将被替换。另外，一旦被任命，他们在此协定或其他国际协定引起的任何争议中，都不得担任当事人的顾问或被当事人指定为专家、证人。

第三，组成上诉仲裁庭。在 CETA 原始文本中，欧盟和加拿大提出了创建机制的可能性，而在修订文本中确定将设立上诉机制，并在 CETA 的第 8.28 条中予以明确。不再坚持传统仲裁中的一裁终局，而是设置一个上诉机构，来审查仲裁庭作出的仲裁裁定。上诉机构成员同样由联合委员会任命且必须与常设仲裁庭的仲裁员具备同样的资质。基于如下事实，上诉机构可以对仲裁裁决进行支持、修改或推翻：其一，仲裁庭适用法律错误或对适用法律的解释错误；其二，对事实的认定出现错误、包括对国内相关法律的认定错误；其三，《华盛顿公约》第 52 条中规定的没有包含在一、二中的情形。

第四，完全的程序透明。CETA 是最早适用 UNCITRAL《透明度规则》的自由贸易协定之一。根据联合国贸易发委员会网站提供的数据，2014 年 8 月 24 日，韩国、澳大利亚签署《大韩民国政府与澳大利亚政府间的自由贸易协议》，2015 年 1 月 26 日，日本和乌拉圭政府签署了《日本与乌拉圭东岸共和国间的投资自由化及促进和保护投资协议》。截至 2015 年 5 月 2 日，全球共有 13 个投资条约适用《透明度规则》或参照《透明度规则》。完全的程序透明包括：在联合国网站上公开所有的文件，包括当事人提交的文件、仲裁庭的决定等；开放所有的审理程序；非政府环保组织等相关利益方可以提交法庭之友意见。以上增强透明度的措施是硬性规定，即便争端双方也无权否定。而在以往的国际投资仲裁实践中，第三方要求获得当事方提交的材料或者参加庭审过程的请求，通常是被拒绝的。

其中最值得关注的是其投资争端解决章节，此章节中约定组成上诉仲裁庭。在 CETA 原始文本中，欧盟和加拿大提出了创建机制的可能性，而在修订文本中确定将设立上诉机制，并在 CETA 的第 8.28 条中予以明确。不再坚持传统仲裁中的一裁终局，而是设置一个上诉机构，来审查仲裁庭作出的仲裁裁定。上诉机构成员同样由联合委员会任命且必须与常设仲裁庭的仲裁员具备同样的资质。基于如下事实，上诉机构可以对仲裁裁决支持、修改或推翻：其一，仲裁庭适用法律错误或对适用法律的解释错误；其二，对事实的认定出现错误、包括对国内相关法律的认定错误；其三，《华盛顿公约》第 52 条中规定的没有包含在一、二中的情形。CETA 的生效，又引起了学界关于投资仲裁上诉机制的讨论。

赞同建立国际投资仲裁上诉机制的学者认为，上诉机制有利于确保对投资条约解释的一致性。随着投资仲裁案件数量的急剧增加，投资仲裁的问题也逐渐凸显，除了近些年来引起广泛讨论的透明度问题外，对投资条约解释的一致性问题也在凸显：不同的案件中，仲裁庭对相同或相似的投资条约条款作出不同的甚至相互冲突的解释。有学者又将其分为三种情形，第一种是不同案件中，案件所涉事实相同、投资人相关联、投资权利相似，但因为由不同的仲裁庭裁决，最后对相同的问题得出相反的结论；第二种是不同案件中，案件所涉商业背景、投资权利相似，不同的仲裁庭对投资权利作出不同的或相冲突的解释；第三种是不同案件中，虽然案件所涉当事人、商业背景不同，但所涉投资权利相同，仲裁庭对投资权利作出不同的或相冲突的解释。

目前理论界反对引入上诉机制，主要基于两个原因：

其一，引入上诉机制会破坏"一裁终局"，降低仲裁的效率价值。国际投资仲裁起源于国际商事仲裁，因此其在很大程度上依赖于国际商事仲裁的规则和程序，而"一裁终局"是国际商事仲裁的一大优势和重要特征，甚至是国际商事仲裁的根基。"一裁终局"是指仲裁裁决一经作出即发生法律效力，当事人不得就同一纠纷另行起诉或再次提起仲裁。其更多体现的是仲裁的效率价值，通过程序设计，为当事人提供最经济的争议处理方式，使人们消耗最短的时间和最低的成本，达到解决纠纷的目的。商事仲裁是充分体现当事人意思自治的一种争端解决方式，而选择仲裁的当事人，都是希望争议得到快速的、高效的、专业的解决，这更符合商人的利益诉求。投资仲裁诞生后，也承袭了商事仲裁的这一特征。因此，有学者认为，投资仲裁上诉机制的引入，会动摇仲裁的根基，使其失去特色，而且容易被败诉一方利用，拖延仲裁裁决的执行，降低投资仲裁效率。

其二，上文已经提及，对《华盛顿公约》的修改要经过全体缔约方的认可，而要获得所有缔约方全体一致的认可，需要一个非常漫长的过程。因此，秘书处在 2004 年的讨论文件中建议，在 ICSID 规则框架外，设立一个独立、永久的上诉便利机制，这样的机制只需行政理事会通过即可生效。然而，上诉便利机制也成了学者反对的理由，因为在任何情况下，对上诉便利机制的适用都需要双方的同意，那么在一个案件中，争议一方同意适用上诉便利机制，另一方不同意适用上诉便利机制时候，如何处理？且目前的国际投资条约体系以双边投资条约为主，如上文所述，目前国际上共有三千两百多个双边条约，其中增加了上诉机制的双边条约仅为凤毛麟角，在这种情况下上诉便利机制就很容易被架空而不能发挥其应有的作用。正如有学者指出，"一裁终局"不是上诉机制面临的真正障碍，妨碍上诉机制实现的是双边投资条约体制。

笔者对建立国际投资仲裁上诉机制持支持态度，理由如下：

首先，笔者认为引入上诉机制和保证仲裁的效率并不矛盾，相反，上诉机制相比原有的撤销机制而言，可以提高仲裁效率。根据 ICSID 秘书处讨论文件中对于上诉机制的构想，为了推动程序的进程，上诉便利规则会提前设定好时间限制，从上诉请求被接受，到当事人提交书面上诉状，都有时间限制，并且上诉仲裁庭有权对时间限制作出调整，但从程序开始到作出上诉裁决的整个过程不得超过 120 天，这样就可以避免程序的冗长和拖延。相对于《华盛顿公约》第 52 条规定的撤销机制，上诉机制更能节约时间。事实上，根据 ICSID 官方网站公布的案件信息，在所有提起撤销程序的 87 个案件中，除了被迫中止的极个别案件，几乎没有案件在一年内解决，有些案件用到 6 年甚至更长的时间。不同于撤销机制中的临时委员会，上诉机构作为常设机构，会更富有经验，以保证对国际投资法作出更一致的解释。因此，上诉机制不仅可以缩短案件审查的时间，提高效率，对审查的质量也更有保障。

其次，国际投资仲裁虽然起源于国际商事仲裁，但是不可否认国际投资仲裁与国际商事仲裁还是有很多不同之处，国际商事仲裁发生在平等主体之间，而国际投资仲裁的主体一方是国家，另一方是投资者。而且国际投资仲裁案件通常涉及国家主权、环境保护、公共健康、公共利益等问题，因此国际投资仲裁也不能完全复制国际商事仲裁的制度，"一裁终局"不能成为国际投资仲裁上诉机制的阻碍和反对引入上诉机制的理由。

再次，WTO 争端解决上诉机制，为国际投资仲裁上诉机制的建立提供了成功示范。WTO 争端解决机制在 GATT 争端解决的基础上发展而来，并作出很大的改进，其法律基础是《争端解决程序与谅解机制》（以下简称 DSU）。上诉机构是争端解决领域的一个制度创新，因为其他争端解决机构，如国际法院、国际海洋法庭等都没有上诉机构。正如学者所说，"从司法解决程序的合理性和完备性来说，为防止专家组断案万一出现失误、偏差或不公，设置上诉机制是必要的"。上诉机构于 1995 年根据 DSU 第 17 条组建，其由七名成员组成，每位成员任期四年，可连任一次，每位成员独立存在，不附属于任何国家政府，且每位成员都必须是国际贸易法律领域的专家和权威。争端方将案件提交上诉后，由上诉机构随机选择三名成员，组成上诉庭，上诉庭审理的范围仅限于法律问题和专家组所作的法律解释，无权对事实问题作出认定。自争端方向上诉机构发出上诉通知，到上诉机构分发上诉报告，不应超过 60 天，如果上诉机构认为无法在 60 天内分发报告，应书面通知迟延的原因，无论出现什么情况，上诉程序不得超过 90 天。上诉机构可以维持原专家组报告，也可以对其进行修改，或推翻专家组的裁决，但上诉机构没有发回重申的权利。DSU 需在 30 日内决定通过还是拒绝上诉机构报告，一旦通过，当事人也必须对其进行接受。

根据上述内容，笔者认为 WTO 上诉机制的优势体现在以下几个方面：第一，上诉机构是一个常设机构，且对成员的资质要求要，便于监管，保证上诉审的质量；第二，明确规定了上诉审的范围，实施问题不在上诉审理的范围内，避免重复工作，提高效率；第三，规定上诉程序不得超过 90 天，避免因双方或上诉机构的拖延而导致的效率低下问题。根据 WTO 的官方统计数据，从 1996 年上诉机构开始运作，到 2014 年，每一年中对专家组报告提起上诉的比例基本在 50% 以上，1996 年和 1997 年这两个年份甚至达到百分之百，这 19 年间，在 DSB 共通过的 201 份专家组报告中，提起上诉的案件数量高达 136，占总数的 68%。对专家组报告提起上诉的案件数量如表 3 所示。

由此可见，上诉审理机构作为乌拉圭回合在争端解决方面的主要创新之一，扮演着重要的角色。其不仅对于 WTO 成员方之间国际贸易争端的解决发挥着巨大的作用、对于保持法律适用与法律解释的一致性也发挥着重要的作用。其制度设计之合理也能在最大限度上平衡案件审理的效率和审理结果的公平。因此笔者认为，ICSID 建立上诉机制也是利大于弊的。

表3 　　　　　　　　　　　WTO 提起上诉的案件数量①

Year of adoption	All Panel Reports			Reports of Panels other than those established pursuant to DSU Article 25.5[b]		
	Panel Reports adopted[c]	Panet Reports appealed[d]	Percentage of Panet Reports appealed[c]	Panel Reports adopted	Panel Reports adopted	Percentage of Panet Reports appealed
1996	2	2	100%	2	2	100%
1997	5	5	100%	5	5	100%
1998	12	9	75%	12	9	75%
1999	10	7	70%	9	7	78%
2000	19	11	58%	15	9	60%
2001	17	12	71%	13	9	69%
2002	12	6	50%	11	5	45%
2003	10	7	70%	8	5	63%
2004	8	6	75%	8	6	75%
2005	20	12	60%	17	11	65%
2006	7	6	86%	4	3	75%
2007	10	5	50%	6	3	50%
2008	11	9	82%	8	6	75%
2009	8	6	75%	6	4	67%
2010	5	2	40%	5	2	40%
2011	5	5	63%	8	5	63%
2012	18	11	61%	18	11	61%
2013	4	2	50%	4	2	50%
2014	15	13	87%	13	11	85%

　　最后，作为一个创新型的制度，投资仲裁上诉机制的引入也不可能一蹴而就，而是要以上诉便利规则为过渡，以修改《华盛顿公约》为努力的目标。《华

---

① Dispute settlement activity-some figures. http：//www.wto.org/english/tratop-e/dispu_e/dispustats_e.htm.

盛顿公约》的修改需要全体缔约国的通过，这需要多个回合的讨论谈判和漫长的过程，因此秘书处关于建立公约外的上诉便利机制的建议也是权宜之计。笔者认为，由于目前缺少投资仲裁上诉的实践，因此对其影响的分析只能停留在理论层面，上诉便利规则生效后，国家可以选择性适用该规则，正好可以把这个阶段当时对上诉机制的测试阶段，由实践来证明上诉机制的必要性，以便各个国家在上诉便利规则实施阶段增强对上诉机制的了解和接受程度，最终推动《华盛顿公约》的修改，将上诉机制加入《华盛顿公约》。

总而言之，包括 ICSID 机制在内的国际投资仲裁制度中长久以来坚持一裁终局，没有上诉制度，但在国际投资仲裁缺乏一致性，忽视公共利益而出现公正性危机以后，美国在近年来签订的双边投资协定中开始考虑引入上诉机制的可能性，希望通过这种措施化解"危机"。而国际上的广泛讨论也推动了 ICSID 不得不面对这个问题：如果越来越多的国家在双边或多边投资条约中约定了上诉机制，则 ICSID 的原有规则将不能满足实践需要，为此，ICSID 也提出了建立投资仲裁上诉机制的构想。虽然 ICSID 的构想被暂缓，美国仍致力于推进此制度，而欧盟和加拿大也在最新的 CETA 中引入了此种制度。然而笔者认为，想要上诉机制获得普遍接受，还有很长的路要走。

2. 增强投资仲裁的透明度

近年来，NAFTA 和 ICSID 都认识到了缺乏透明度引发的投资仲裁正当性危机，纷纷采取措施，增强透明度，其增强透明度的方式主要是允许第三方参与。

对透明度的改革始于 NAFTA。在越来越多的 NAFTA 案件中，一些非政府组织作为第三方，要求通过提交法庭之友意见、参加庭审过程等方式参与到仲裁中来。2001 年，北美自由贸易委员会发布了一个解释，阐明除了相关仲裁规则中明确列举的几种特定情况外，NAFTA 没有任何一个条文禁止法庭之友提交书面意见，在 NAFTA 缔约方同意的情况下，第三方可以获得仲裁相关的所有书面文件，包括申请书、答辩书、仲裁庭所作出的决定和仲裁裁决，但受到相关仲裁法规则或国内法保护的商业机密除外。[①] 在 2003 年 10 月，该委员会又发布一份声明，指出在 NAFTA 投资仲裁中，没有任何一个条款禁止仲裁庭接受法庭之友的书面意见，并进一步指出，接受法庭之友的意见是仲裁庭的

---

① NAFTA Free Trade Commission. Notes of Interpretation of Certain Chapter 11 Probisions. http：//www. dfait-maeci.

自由裁量权，是仲裁庭的权利，但接受法庭之友的意见不意味着赋予法庭之友任何地位或权利，也不意味着改变仲裁双方当事人的实体权利。此声明中还明确了第三方提交书面文件时要遵守的规则和应该符合的条件。

NAFTA 的实践也推动了 ICSID 增加仲裁程序透明度的改革。2004 年，ICSID 秘书处就 ICSID 仲裁框架的完善问题提交了一份讨论稿，其中包括增强投资仲裁透明度的内容。① 2006 年，ICSID 对其仲裁规则进行了修改。修改后的第 37 条在明确仲裁庭有权接受法庭之友书面意见的同时，进一步明确了接受标准：当第三方可以带来一些和当事方不同的视角，而这些视角可以协助仲裁庭决定一些事实问题和法律问题时；当第三方可以在争议范围内提出新问题时；当第三方在此仲裁中有重大利益时。这些标准相比修改之前更加具体，适用性更强。此外，修改后的第 32 条规定，ICSID 仲裁庭可以允许第三方参加庭审，除非争端双方明确反对。与修改前的 32 条相比，大大增加了第三方参加庭审的可能性，可以说是投资仲裁向公众开放的一个重大突破。

总之，为了促进国际投资争端的公正解决，近期各方开始努力增强国际投资仲裁的透明度。显然，公众的适当参与可以促使仲裁庭兼顾争端中的公共利益，进而确保仲裁裁决的实体公正。后文会对这部分内容进行更具体阐述和论证，为了避免内容重复，此处不再赘述。

本 章 小 结

国际投资法对于营造一个良好的国际投资法律环境起着不可或缺的作用，其实体法规则和程序法规则珠联璧合，构成了迅速有效解决投资争议的重要保证。同时，一套有说服力的国际投资法体系，能够使投资争议发生后，争端双方有法可循，从而避免国际投资争端的政治化解决，最终有利于世界经济秩序的维护，有利于世界和平和稳定。

国际法上解决投资争议的方式有很多，比如，协商与调解、东道国当地救济、外交保护等，但是以上方式都或多或少地存在弊端。由此，到 20 世纪 60 年代，国际投资仲裁作为一种行之有效的解决投资争端的方式，开始出现并发挥积极的作用。在此种争端解决方式诞生之时，由于经验不足，很多规则都是

---

① ICSID Secretariat. Possible Improvements of the Framework for ICSID Arbitration. http：//www. Worldbank.

从国际商事仲裁借鉴或照搬而来，因此，国际投资仲裁的制度设计和传统国际商事仲裁极为类似。有学者把国际商事仲裁对国际投资仲裁的影响，也就是国际投资仲裁对国际商事仲裁的借鉴，称为"投资仲裁的商事化"。商事化的结果是忽略主权国家的公法人性质，仅仅将其视为商事主体，那么在仲裁的过程中难免会忽略公共利益，引起公众对投资争端解决机制的不满。为此，必须对国际投资仲裁进行"去商事化"。"去商事化"的措施主要是引入国际投资仲裁上诉机制和推进国际投资仲裁透明度改革。由此引出第二章对投资仲裁透明度的概述。

第二章　国际投资仲裁透明度概述

第一节　投资仲裁透明度的概念

一、对"透明度"的文义解释

鉴于国际投资仲裁的"去商事化"要求和国际投资仲裁的正当性危机，20世纪90年代起，国际投资仲裁开始发生改变，不再拘泥于传统仲裁的保密性，而是开始增强国际投资仲裁中的透明度。随着信息技术的发展，信息的流动性增强，从大的法律环境来讲，透明度正在获得越来越多的关注，无论是在国际法层面还是在国内法领域，透明度都在发挥着重要的作用。透明度这个概念正越来越多地出现在国际法的各个领域，被很多公约和协议所采纳。如果一个公约或协议的协商过程、制定过程或实施过程缺乏透明度，则其可能会被认为不民主而受到抵制。① 然而，作为如此重要的一个概念，国际上对它却没有一个官方的精准定义，学术界也并未明确其具体含义。围绕这个问题，引发了学者们的诸多争论和困惑，有学者将定义透明度的任务比喻为盲人摸象：仅让每个盲人触摸动物的一个部位并得出结论，其结果是，象腿被当作大树、尾巴被当作绳子、象鼻子被当作软管。该学者进一步认为，要想得出理想的结论，必须进行缩小解释。② 笔者表示赞同并认为，在研究这个问题之前，试着对其作出定义是必要的。

事实上，"透明度"并不是一个新兴概念，其最初被用来构思理想政府的

---

① Julio A. Lacarte, Transparency, Public Debate, and Participation by NGOs in the WTO: A WTO Perspective. Journal of International Economic Law, 2004.

② John R. Crook. Joint Study Panel on Transparency in International Commercial Arbitration, ILSA J. INT'L & COMP. L, 2009.

雏形,著名学者布兰戴斯在 1914 年就指出,"阳光是最好的防腐剂"。① 从语义上来看,"透明"是指公开、不隐藏,有学者这样形容:"就像人们可以轻易透过无瑕的玻璃观察事物一样。"② 北京大学张潇剑教授认为,所谓的"透明度"包含两层含义,一是信息公开,相关信息通过某种平台进行公布;二是信息对公众来说容易获知。第一层含义强调的是信息公开主体的义务,第二层含义强调的是公众的权利和公开的程度,二者是一个问题的两个方面,是相辅相成的。③ 还有外国学者将透明度分为不同但又相关联的三个方面:一是公共参与,二是公共信息披露,三是透明度。这里的透明度是指相关规则和规定对于利益相关方唾手可得。④ 根据英文词典,transparency 是指在没有明显散射的情况下光的传输,常被用来比喻民主社会中的政府行为。⑤ 比方说,有些非政府组织、智囊团和政府组织创设涉及政府的"透明度指数",这个指数用来评析世界观各国政府的行为是否符合公平的标准、公开的标准以及其可预测性,不符合上述标准的就会被认为不透明或甚至是腐败。

透明度发展的最主要的物质条件是信息技术的发展。⑥ 透明度的程度主要依靠两个因素:一个是主体增强透明度的意愿,第一个是主体增强透明度的能力,而后者在相当长的一段时间内都是透明度增强的一个制约因素。在信息时代到来之前,一项信息通过张贴告示或信件或报刊等方式传播,是很难大范围公开和扩散的,而大数据时代到来之后,通过数据库、网页和博客等就可以将信息传播到世界的各个角落,既高效又节约成本。⑦

---

① Louis D. Brandeis. Other Peoples' Money: and How the Bankers use it. Biblio Life, 2009.

② William B. T. Mock. An Interdisciplinary Introduction to Legal Transparency: A Tool for Rational Development. Social Electronic Publishing, 2007.

③ 张潇剑:《WTO 透明度原则研究》,载《清华法学》2007 年第 3 期,第 131 页。

④ Catherine A. Rogers. Transparency in International Commercial Arbitration. U. KAN. L. REV, 2006(54).

⑤ Anibal Sabater. Towards Transparency in Arbitration (A Cautious Approach). Publicist Towards Transparency in Arbitration, 2010(5): 48.

⑥ 叶楠:《发展中的国际投资协定透明度原则及其对中国的启示》,载《武大国际法评论》第十六卷(第 2 期),第 338 页。

⑦ Caroline Bradley. Transparency Isthe New Opacity: Constructing Financial Regulation After the Crisis. Social Science Electronic Publishing, 2011(7).

二、国际投资仲裁中透明度的界定

透明度这个概念最初在国内领域提出，用来推动"阳光政府"，政府通过增强透明度，对政策进行商议，提高自身执政的合法性。随着社会的发展，这个概念被运用得变得越来越普遍，使用得更加广泛。国际法上的透明度应该是指国际法律文件(国际公约或双边协议等)的内容能轻易为各方所获知、法律中规定的权利义务能轻易被各方所掌握，且法律程序可以轻易被各方所了解，并且国际法主体从事的相关活动为公众所知悉。要点有两个，一是规则的透明，即相关实体规则的和程序规则的内容使公众知情；二是行为的透明，即相关主体从事的活动要为公众所知、接受公众的监督。

同样的，国际投资领域的透明度有两层含义，第一层是实质上的透明度，是国际投资领域对缔约国的透明度要求，即政府行为和相关信息的公开；第二层是程序上的透明度。具体来说，前者是指各缔约方应及时公布，或以适当的形式公开其参与缔结的投资条约或双边投资协定，使其国民和第三国知晓，这很容易理解，一个民主的代议制政府，是代表广大人民意志行使权力的，因此其政府行为应该公之于众；后者是指国际投资争端解决机制中的程序透明，也就是投资仲裁的透明度，在投资仲裁过程中，允许在仲裁中有重大利益的第三方介入，包括仲裁发起的公示、仲裁中的文件的公开、庭审过程的公开、接受法庭之友书面意见等，使在仲裁中有重大利益的第三方能够了解整个争端解决过程。随着社会的发展和进步，透明度的程度和标准也是在不断变化的。最初的透明度强调的只是基本的信息交换，但是后期的透明度已经不仅仅局限于此，还包括参与到主体所从事的活动中。①

增强国际投资仲裁透明度的方式是允许第三方参与(third party participation)，也称公众参与(public participation)和非争端方参与。投资仲裁的第三方参与和投资仲裁透明度是本书中会频繁出现的两个概念，笔者认为这两个概念有一定的共通性，投资仲裁的第三方参与是增强投资仲裁透明度的方式，而投资仲裁透明度是投资仲裁第三方参与所要实现的目标和达成的结果。这里的"第三方"是指独立于双方当事人之外的非政府组织、利益团体、个人等，而"第三方参与"是指独立于双方当事人之外的、在仲裁中有重大利害关系的非政府组织、利益团体、个人等通过特定方式参与到仲裁的过程中，并试

---

① Jose E. Alvarez, Karl P. Sauvant. The Evolving International Investment Regime: Expectations, Realitie, Options. Oxford University Press, 2011: 15.

图对仲裁的过程和结果产生一定的影响。要强调的是，此处的"第三方"不同于当事人提供的证人等，他们是作为一方提供的"证据"出现在仲裁庭，而我们这里所说的第三方是不受当事方控制的独立一方。[①]

第二节　投资仲裁透明度价值取向

价值是人们共同追求的目标，法的价值是指法律所要达到社会效果。投资仲裁透明度的价值取向是指通过透明度所达到的目标，第一层意思是透明度能实现哪些价值，第二层意思是不同的价值出现对立时，该如何解决。价值取向这个概念存在于多个学科之中，法学、哲学、社会学等领域都会涉及对价值取向的研究。法的价值是指法律在存续期间能起到的作用。之所以要研究价值取向，是要为选择提供指引。研究投资仲裁透明度的价值取向，也就是研究投资仲裁透明度的基本理论问题。

一、投资仲裁透明度与知情权

(一)知情权的内涵

知情权是指公民获取某种信息的权利和自由，是最基本和最重要的人权。社会的文明程度和发展水平越高，就会将公民的知情权放在更高位置；公民意识越觉醒，公民就更注重行使自己知情的权利。知情权作为公民的一项基本人权，是公民保护自身利益的前提，也是公民对政府行为进行监督、预防腐败的必要条件。随着社会的不断发展，国内和国际社会纷纷对知情的程度制定出更高的标准、提出更高的要求。

从民主的角度看，公民要参与到国家的管理中，对政府进行监督，前提是要对相关事项进行充分的了解，如果不能掌握行政行为的所有相关重要信息，公众就无法对政府行为做出定位和评价，也就不能做出科学合理必要的监督，民主也将无从谈起。列宁曾指出："没有公开性而谈民主制是很可笑的。"[②]在公民享有知情权的前提下，知悉政府颁布的各种文件和相关政府决定，才能对政府的政策进行商议，实现公民的参政议政。实现开放性政府和阳光政府的前

[①]　张庆麟：《国际投资仲裁的第三方参与问题研究》，《暨南学报》2014年第11期，第71页。

[②]　《列宁全集》(第6卷)，人民出版社1986年版，第131页。

提之一就是保障公民的参与权。因为只有保障公民的知情权，才能保证公民可以对国家事务建言献策，来自国家各个利益阶层的人们都可以发表意见，使国家权力的实行更加符合民意；同时，知情权是公民行使监督权的前提，只有保障公民的知情权，才能确保政府处于监督之下，有了监督，政府的自律性也会随之增强，能有效预防腐败且使决策更趋科学合理、符合民意。①

知情权是民主社会发展到一定阶段的产物。上文提到，公民知情权的主体是公民，客体是信息。随着对国际关系研究的深入，目前国际上出现了一个新的概念：国家知情权。与公民知情权相类似，国家知情权的客体同样是信息，但其主体是国家，在国际交往中，确保国家的知情权，才能更好地保护国家主权和利益。国家是国际法的基本主体，因此国家知情权最初的内容是国家对国家的知情，两个国家开战前，要经过正式宣布和公告程序使对方知道，这是国家知情权的雏形。随着国际关系的发展，国际法主体扩及国际组织和个人，这时候国家知情权的内容也随之扩大，开始包含国家对国际组织的知情权。② 不管是公民的知情权还是国家的知情权，实现权利的途径都有两种，一是"被动"接受公布的信息，强调的是信息公开方的义务，此处称为知情权的被动实现；二是主动去获得，强调的是权利主体的能动性，此处称为知情权的主动实现。最初，知情权的实现有赖于第一种途径，即信息公开方的主动。当第一种途径无法再满足主体需要时，第二种途径应运而生。

(二) 仲裁透明度对知情权的价值

增强投资仲裁透明度，一方面，仲裁庭和仲裁机构公布仲裁中的程序信息和相关文件，使得相关主体被动实现其知情权；另一方面，如果相关主体认为有必要，会主动向仲裁庭和仲裁机构寻求相关信息，或主动要求以非争端方的身份参与到投资仲裁中来，如主动提交书面意见或主动要求旁听庭审过程或主动要求仲裁庭向其提供相关文件等，这是相关主体主动实现知情权的途径。也就是说，增强投资仲裁透明度，就可以确保相关主体被动实现知情权，又能保障相关主体主动实现知情权的可能性。

上文也已经提到，相比于国际商事仲裁，国际投资仲裁有其特殊性。由于国际投资仲裁的一方主体是国家，因此其争端往往涉及主权国家的政策，而这

---

① 齐延平：《人权研究》，山东人民出版社 2015 年版，第 239 页。
② 古祖雪：《国家知情权的演变和运行——基于国际法律分析》，载《法学评论》2015 年第 2 期，第 24 页。

些政策的内容又通常涉及保护环境、公共健康等主题。这些事项都与公众的切身利益密切相关。只有增强投资仲裁透明度，确保公众的知情权，才能使其了解与自身利益切实相关的事项，从而保护合法权益，同时保护公众的知情权也可以起到监督仲裁庭的作用，使仲裁庭作出的裁决不至于损害非争端方的利益或公共利益。

总而言之，增强投资仲裁的透明度有助于公众知情权的被动实现和主动实现。而一旦公众知情权得到保障，公众的参与和监督反过来又会有益于投资仲裁的健康，增强公众对此争端解决机制的信任。

二、投资仲裁透明度与公共利益

增强仲裁透明度的另一值得研究的价值取向就是公共利益的保护。2014年4月1日生效的《贸易法委员会投资人与国家间基于条约仲裁透明度规则》中也提到，关于投资人和政府间争议的解决，需要考虑其中的公共利益。投资仲裁透明度改革的一个基础就是民众在投资仲裁中有很大的利益相关，因为投资仲裁会影响公共利益，因此民众至少有权利去了解这项会影响他们利益的争议的解决。比方说，当投资争议和坦桑尼亚饮用水供应系统相关时，坦桑尼亚人民就有权利去了解这项争议及其解决。[1]

（一）公共利益的概念

公共利益(public interest)这个概念具有一定的复杂性，很多学科都会对公共利益进行交叉研究，比方说经济学、政治学等。然而，因为这个概念具有一定的抽象性，因此很难对其作出一个精准的、各方都能接受的定义。有学者认为，法学上的公序良俗、公共秩序等词汇是公共利益的另一个表达方式。[2] 从字面上看，公共利益由"公共"和"利益"两个词组成。公共利益的本质是一种利益，而"公共"二字对"利益"二字起到修饰作用。那么何为公共，何为利益？"公共"是指共同的、大众的，"利益"是指人们对于具有一定稀缺程度的、能满足人们某种需要的好处，合起来"公共利益"指符合社会全体成员需要的、共同的好处，是社会全体成员努力要实现的目标。

---

① Argen R. Ending Blind Spot Justice: Broadening the Transparency Trend in International Arbitration. Social Science Electranic Publishing, 2014: 209.

② 姜丽萍，刘斌：《最高人民法院指导性案例研究》，中国检察出版社2015年版，第61页。

之所以很难对其下定义，因为"公共"一词的概念和外延都难以确定。概括来说，利益对主体来说是一种益处，而"公共"是指公众的、共同的，在不同的情况下，其数量也是不同的。也就是说，"公共利益"的主体数量不确定，而客体范围宽泛。也正因为如此，对"公共利益"很难有一个准确的定义，这也导致了现实中对这个词汇的使用过于随意和频繁。有学者统计，我国法律法规中有近70个条款用到这个表述。[①]

由于"公共"一次的概念和外延不甚清晰，公共利益和很多概念会混淆不清。公共利益和国家利益是不同的概念，然而在实践中这两个概念很容易被混淆，因为国家往往被和全民画上等号，理论上和实务上有时会对这两个概念混用。笔者认为，国家利益是相对于其他国家而言的一种利益，主要变现形式是国家主权、国家安全、国家地位等。比方说，出卖国家安全信息的行为，就是损害国家利益的，他国的战争侵略也是损害国家利益的。国家利益在根本上说，就是统治阶级的利益，当一个国家的统治阶级占大多数的时候，国家利益和公共利益才能重合。因此可以这样说，在民主国家，公共利益和国家利益虽然存在主体、客体范围等不同之处，国家利益基本可以等同于公共利益。[②] 相互之间有促进作用。

(二) 仲裁透明度对公共利益的价值

与传统国际商事仲裁一样，国际投资仲裁的仲裁员也是由双方指定，因此，仲裁员只对仲裁当事双方负责，而不对公众负责，在仲裁的过程中，仲裁员更多考虑的是双方的个人利益，导致忽略公共利益。同时，仲裁庭的管辖权来自当事人的授权，因此在实践中也只是狭隘地考虑当事方的利益，忽略公共利益。另外，国际投资仲裁中的仲裁员也和国际商事仲裁员一样重视对私人利益的保护，秉承私有财产神圣不可侵犯的原则。在传统的国际商事仲裁中，这一价值取向没有问题，因为其所处理的就是私人之间的纠葛，但国际投资案件不一样，其往往涉及投资东道国的巨额赔偿，而这些赔偿的压力最终都会压到东道国国民的身上，可能会影响东道国百姓的生计，而且投资仲裁中可能涉及公共健康和环境保护的问题。总而言之，过于看重和保护私有财产的结果，就

---

① 楼利明：《法律对公共利益判断的控制——一种与原则和规则并重的程序控制方法》，浙江工商大学出版社2010年版。

② 吴岚：《国际投资法视域下的东道国公共利益规则》，中国法制出版社2014年版，第19页。

会使国家主权和公共利益被忽视。因此，有必要对私人利益和公共利益的关系进行研究。

对公共利益的理解和认识有着不同，但也存在着一些共识：公共利益是由个人利益构成的，或者说，公共利益是个人利益的总和。如果社会上的每个人都努力追求个人利益，实现个人价值，那么社会财富也会得到积累，最终推动社会的进步和公共利益的实现。反过来，公共利益的实现又可以创造一个良好的社会环境，使个人利益更容易实现。有些概念既属于私人利益，也属于公共利益，如健康方面的私人利益，其实也就是公共利益。也就是说，公共利益和个人利益有一种相辅相成的关系。同时，权利也是有边界的，个人利益不能超脱于公共利益之上，个人在行使其权利时，也应承担维护他人拥有同样权利的义务。在对个人利益进行保护的同时，不能忽视公共利益，比如说公共健康和环境保护，这是现实社会的需要。私人利益与公共利益不是对立的、不可调和的。公共利益在一定程度上包含着私人利益，私人利益在一定程度上体现着公共利益。要在二者之间求得一种平衡，这是现代社会的追求。

总而言之，私人利益是公共利益的有机组成部分，公共利益是私人利益的让渡，没有公共利益，私人利益也无从谈起，因此私人利益向公共利益适当让渡是必要的，也就是说投资仲裁中增强透明度是必要的。

三、投资仲裁透明度与效率价值

(一) 效率的概念

一般来说，效率是在经济学领域常被提到的概念，在经济学上，效率是指投入和产出的比例，所谓的提高效率，就是用最少的投入，取得最大的产出。20 世纪后期，法学界的研究也开始涉及这个概念，形成了一个新的流派，即经济分析法学，用经济学的理论和思路对法律问题进行分析和研究。[1] 这个流派最初出现在美国，其奠基人是哈利科斯，形成了有名的"科斯定律"。[2] 这个定律的主要内容是，在投入为零的状态下，人们可以不用考虑其他因素，去追求利益的最大化。但是投入为零的情况在现实生活中往往是不存在的，因此人们必须做出合理的、最佳的制度设计，使得交易成本降到最低。具体到法律领域，就是通过制定合理的法律规则，同时最大限度地实现效率和正义的目标

---

[1]　卓泽渊：《法理学》，法律出版社 1999 年版，第 169 页。

[2]　张斌生：《仲裁法新论》，厦门大学出版社 2004 年版，第 31 页。

追求。公正与效率是法律领域中两个非常重要的价值追求。

效率是指单位时间的产出量，具体到争端解决上，就是花费最少的时间、最少的费用，使当事人的纠纷得到及时、有效的解决。和诉讼相比，效率是仲裁最重要的特点和最主要的优势，也是人们选择仲裁作为争端解决方式的主要原因。仲裁的很多制度，如一裁终局、意思自治，都是为了提高效率而设计。通过仲裁的一裁终局、简易程序等制度，在保证公正的前提下，最快地解决当事人之间的纠纷，避免时间的浪费和司法资源的浪费，最大限度地实现经济利益。总而言之，效率是仲裁的灵魂之所在，也是争端当事人选择仲裁这一方式来解决纠纷的主要原因之一。

(二) 投资仲裁透明度的效率价值

在美国包裹服务公司诉加拿大案和 Methanex 公司诉美国案中，反对第三方参与的当事方都提到，增强投资仲裁透明度、将信息向第三方公开的过程，会造成一些实质性的开销，而对于原本就要承受仲裁本身高昂费用的当事方来说，这无疑是额外的压力。仲裁庭也对这一问题非常重视，认为要在国际投资仲裁透明度的增强问题和效率问题之间进行权衡。反对方认为仲裁信息的公开会降低仲裁的效率。[1] 比方说，信息的公开，需要通过一定的技术手段，这些技术手段的使用和升级都需要一定的经济和财力支撑。再比如说，当非政府组织或利益团体提交了第三方书面意见后，仲裁庭对其陈述进行研究和思考判断需要一定的时间，无疑会使仲裁的节奏变慢，造成程序的拖延。事实上，ICSID 也承认了这个问题，并在《ICSID 仲裁规则》第 37(2) 条中作出规定。[2] 同时，仲裁庭接受第三方的书面意见之后，要对其进行翻译或者分析，这也需要花费一定的时间，从而造成仲裁的拖延，影响仲裁的效率。

笔者认为，以上问题诚然存在，但是这些问题都是可以通过一定的方式进行避免的。不管是 ICSID 还是 NAFTA 的 FTC 都反复申明，是否允许第三方参与是仲裁庭自由裁量权，允许第三方参与仲裁，是仲裁庭行使权利的表现，但允许第三方参与仲裁，不意味着赋予第三方任何权利。仲裁庭一旦决定允许第三方参与，其就有义务将额外的开销减到最低，并且想尽办法，尽量提高效

---

[1]　Methanex Corporation v. United States (Decision on Amici Curiae), para 50; United Parcel Service v. Canada (Decision on Amici Curiae), para 69.

[2]　根据《ICSID 仲裁规则》第 37(2) 条，仲裁庭必须确保非争议方的参与不会扰乱仲裁程序或给当事方带来额外的负担。

率。比方说，2006 年《ICSID 仲裁规则》在第 37(2)条规定，仲裁庭要确保法庭之友的书面意见没有给仲裁程序造成干扰、没有给当事方造成负担，以此作为仲裁庭是否接受法庭之友书面意见的标准之一；在 2003 年 NAFTA 的 FTC，发布的声明中也提到，提交的书面意见必须简洁，包括附录不得超过 20 页；要有一个表明立场的简短声明；要在争议事项范围内提交书面意见；在 2014 年《透明度规则》第 4 条中也有类似规定，"经过与争议各方协商，第三人可以在争议事项范围内向仲裁庭提交书面材料"，并且书面材料要"行文简洁，篇幅无论如何不超过仲裁庭允许的页数"。各个仲裁机构都认识到了增加投资仲裁透明度可能会给投资仲裁的效率带来影响，但各仲裁机构也都在仲裁规则中提出了解决方案，对仲裁庭提交的文件的简洁度和篇幅都进行了规定，确保法庭之友的书面意见不会给仲裁带来不必要的负担。因此，笔者认为，效率问题是可以通过适当努力和安排解决的问题，其不能构成反对投资仲裁透明度改革的理由之一。仲裁庭和争端当事方要共同努力将其对效率的影响降到最低，扬长避短，发挥第三方参与仲裁的优势。

四、投资仲裁透明度与意思自治

第三方参与可能会影响仲裁方的战略安排和当事人的意思自治。① 如果上面提到的额外开销和时间问题是可以解决的，这个问题却值得我们更多的思考。

当事人意思自治是传统商事仲裁最主要的原则，根据这个原则，当事方自主决定仲裁规则、适用的法律等。有些学者认为，虽然仲裁庭一再申明允许第三方参与是个程序性的问题、不涉及当事人的实质性权利，但这个程序问题却是由仲裁庭而不是当事人决定的，因此无疑是对当事人意思自治的践踏。② 此外，他们还认为，即便第三方参与只是一个程序性问题，其也很可能给仲裁结果带来实质影响从而影响当事人的实质性权利。③

---

① Ishikawa T. Third Party Participation in Investment Treaty Arbitration. International and Comparative Law Quarterly，2010，59(2)：391-393.

② Boralessa A. The Limitations of Party Autonomy in ICSID Arbitration. Am. Rev. Int'l Arb.，2004(15)：253.

③ Marceau G，Stilwell M. Practical suggestions for amicus curiae briefs before WTO adjudicating bodies. Journal of International Economic Law，2001，4(1)：158.

(一) 意思自治的概念

意思自治是私法框架下的概念。意思自治原则是国际商事仲裁的重要原则，是国际商事仲裁的根本和基石。从字面意思来看，意思自治是指个人可以按照自己的意愿处理事情。法学概念上的"意思自治"分开来看，前者"意思"是指法律主体意欲达成某种法律效果的意愿；后者"自治"是指法律主体可以不受外力的干扰，独立自主地作出判断和行为。法律上的"意思自治"是指具有民事权利能力和民事行为能力的法律主体排除外力干扰，独立自主地进行法律行为的自由。黑格尔在其《法哲学原理》中指出："一般来说，法的基地是精神的东西，它的确定的地位和出发点是意志。意志是自由的，所以自由就构成了法的实体和规定性。"① 当事人的意思自治和 19 世纪的自由主义密切相关，将法律划分为公法和私法之分，合同法作为私法，在一定程度上是和国家剥离的，合同关系被视为一种私人关系而不受国家干预。第一个将意思自治确立为法律原则的国家是英国。英国通过 1760 年的 Robinson v. Bland 案确立了此原则后，在后面的相当长一段时间内都处于国际商事发展的领头位置。而后在很长一段时间里，美国和欧洲大陆才逐渐接受了这项原则。

适用意思自治原则的典型领域是合同法领域。没有其他的工具可以比意思自治原则更能保护当事人的利益。当事人通过选择法律，可以消除仲裁庭带来的不确定性和不可预见性，使当事人相互间的合同关系更加巩固。不同国家不同地区的冲突法会有相当大的差距，因此，事先对争端的解决情况进行预测就会很难，特别是往往当事人在争端发生之前就已经对法律适用作出了选择的情况。

国际商事仲裁的意思自治是指仲裁当事人依自己的意思创设仲裁权利和义务，这是私法上的意思自治在仲裁领域的反映。国际商事仲裁领域的意思自治，不仅体现在当事人对权利义务的自由支配权，也体现在对仲裁适用法律的选择、对仲裁地的选择，甚至对仲裁程序的自由选择，仲裁当事双方可以依自由意志，决定在哪里仲裁、由谁来仲裁、仲裁适用的法律和仲裁规则，甚至可以决定是否接受国家对仲裁的司法审查。可以说，当事人的意思自治是国家司法权的合理让渡。

---

① 黑格尔：《法哲学原理》，张企泰、范杨译，商务印书馆 1961 年版，第 10 页。

(二)投资仲裁透明度的意思自治价值

在投资仲裁领域来看,有学者认为,由仲裁庭来决定是否允许第三方参与,而不是由当事人决定,这是明显违背当事人意思自治原则的,而意思自治原则是仲裁这种争端解决方式的首要原则。① 更有学者认为,虽然允许第三人参与只是程序上的问题,但第三人参与的结果却给裁决带来根本上的影响,最终影响甚至损害当事人的实体权利。② 因为为了争取更大的权益,当事方在进行投资仲裁之前都有各自的策略,在准备递交的材料中,有选择性地呈现相关事实、法律和证据、尽量呈现有利于己方的部分和支撑己方观点的部分,但是第三方的参与往往会破坏当事方的战略,提出当事方不愿意向仲裁庭呈现的或当事方根本意想不到的、毫无准备的事实、法律和证据,从而给当事方带来不利,也实质性地改变了当事方构架起来的仲裁体系。

笔者不同意这些观点的原因如下:首先,当事方通常通过选择仲裁规则的方式决定仲裁的程序,而仲裁庭也是根据其选定的仲裁规则决定是否允许第三方参与,因此从根本上讲,仲裁庭允许第三方参与的权利也是当事人的授权。修改后的《ICSID 仲裁规则》(2006 年仲裁规则)第 37 条规定:"在与争端双方协商后,仲裁庭可以接受非争端方提供的在争端事项范围内的法庭之友意见。"也就是说,仲裁庭在接受法庭之友意见的同时,是经过与当事方的商议的,并不是自作主张或不顾当事方的反对。所谓的"由仲裁庭决定是否允许第三方参与",是在获得当事人同意后,由仲裁庭来判断第三方是否合格。其次,虽然允许第三方参与到投资仲裁中来,但是并没有赋予其任何实质性权利和程序性权利,第三方参与和当事人行使意思自治的权利并不冲突。最后,单凭第三方是不可能影响当事方实质权利的,第三方参与的这个行为本身也不会影响当事人的实体权利,会影响当事方实体权利的,是第三方提供的事实和法律依据,是第三方提供的与当事方不同的视角。而这些事实和法律带来的正义不就正是我们的追求吗?因此笔者认为,投资仲裁中增强透明度的改革与当事人的意思自治是不矛盾的。仲裁庭是否具有允许第三方参与的自由裁量权,是依据仲裁规则来判断的。而仲裁规则是当事方依意思自治原则自由选择的,因

---

① Ishikawa T. Third Party Participation in Investment Treaty Arbitration, International and Comparative Law Quarterly, 2010, 59(2): 391-393.

② N Rubins. Opening the Investment Arbitration Process: At What Cost, for What Benefit. Transnational Dispute Management, 2006(3): 4.

此说到底，仲裁庭允许第三方参与的权利也来自当事人的授权，还是符合意思自治原则的。

第三节　增强投资仲裁透明度的措施

通常来说，增强透明度、允许第三方参与仲裁的方式主要有以下几种：一是启动仲裁程序的公告；二是允许"法庭之友"提交书面意见；三是允许第三方参加庭审过程，获得相关信息，发表口头意见；四是公布相关文件；五是公布仲裁裁决。下文将对这几个方面进行一一展开：

一、启动仲裁程序的公告

启动程序的公告是指为确保公众知道投资者已经对投资东道国提起仲裁而发起的公告。这是公众对投资仲裁案件进行了解和关注的前提。表4中各个条款可以看出，ICSID 发布启动仲裁程序公告的主体是秘书处；2014年《UNCITRAL 透明度规则》中规定的公告主体是存储处①；2012年美国 BIT 范本中，强调的是争议双方公布相关信息的义务，发布启动程序公告的主体是仲裁当事方；而 NAFTA 中没有规定关于启动仲裁程序的公告的相关内容，只在2001年7月31日 FTA 发布的"Notes of Interpretation of Certain Chapter 11 Provisions"中规定："所有向仲裁庭提交的或者仲裁庭发布的文件，要以合适的方式及时向公众公开。"②由此可推定，对于仲裁程序的启动，也要以合适的方式及时向公众公开。另外，各个规则中都强调了公布信息"及时""迅速"的重要性。各规则关于启动仲裁程序的公告的规定见表4所示。

表4　　　　　　　　　关于启动仲裁程序的公告的规定

	规定	出处
ICSID	秘书处应适时公布秘书处运作的信息，包括所有的调解和仲裁请求	*Administrative and Financial Regulation* 第22(1)条

---

① 张庆麟：《国际投资仲裁的第三方参与问题研究》，载《暨南学报》2014年第11期，第71页。

② 《贸易法委员会投资人与国家间基于条约仲裁透明度规则》第8条规定，"《透明度规则》下的已公布信息存储处应为联合国秘书长或贸易法委员会指定的一个机构"。

	规定	出处
NAFTA	无	无
UNCITRAL	一旦被申请人收到仲裁通知，争议各方即应迅速将仲裁通知副本发送给第8条所述及的储存处。储存处从被申请人处收到仲裁通知，或者储存处收到仲裁通知及该通知已发送给被申请人的记录，即应迅速向公众提供关于争议各方名称、所涉经济部门以及提出有关申请所依据的条约的信息	2014年《贸易法委员会投资人与国家基于条约仲裁透明度规则》第2条
《美国2012年双边投资协定范本》	一、根据第二款至第四款，被申请人在接收到下列文书后，应迅速地将他们转达给非争议方，并向公众公布：（一）意向的通知；（二）仲裁通知；（三）（四）（五）（略）	《美国2012年双边投资协定范本》第29(1)条

二、法庭之友的书面陈述

"法庭之友"，来源于拉丁文"amicus curiae"，根据《布莱克法律词典》，法庭之友是指"某一案件的非当事方自愿向法庭提交陈述或在某一具体案件中有重大利害关系的人应法院要求向法院提交陈述"[1]，也可以解释为"对案件中的疑难法律问题陈述意见并善意提醒法院注意某些法律问题的临时法律顾问，协助法庭解决问题的人"。[2] 英文名称为 Friend of the Court，意思是法庭的朋友。其最开始出现在古罗马，随着法律争议的增多，法官专业知识出现短缺，开始向法学家咨询，这些法学家就是最早的法庭之友。后来，英国和美国也纷纷借鉴了这个制度，法庭之友在其司法实践中扮演了重要角色。其基本内涵是指法院在审理案件的过程中，为了帮助法院解决疑难问题，作出公正的判决，允许当事人以外的个人或组织，运用自己的专门知识，就与案件有关的事实或法律问题进行论证，形成书面论证意见书，即"法庭之友陈述"，向法官提供

---

[1]　Notes of Interpretation of Certain Chapter 11 Provisions. http：//www. naftaclaims. com/commissionfiles/NAFTA_Comm_1105_Transparency. pdf.

[2]　原文为："A person who is not a party to a lawsuit but who petitions the court or is requested by the court to file a brief in the action because that person has a strong interest in the subject matter. Often shortened to amicus. Also termed friend of the court. " See Brayan A. Garner. Black's Law Dictionary (7th edition). West Publishing Company，1999：83.

尚未知悉的证据事实及与法律问题有关的信息，以帮助法官作出公正的裁决。①

自"法庭之友"起源于古罗马到现在，已经有上千年的历史了。随着古罗马的扩张和贸易往来越来越频繁，各类纠纷也在增多，并且新的纠纷类型不断涌现，在这种背景下，审判官可能会出现法律知识的短板，为了解决这个问题，审判官们开始向法学家寻求帮助。面对审判官的疑惑，法学家往往以口头或者书面的方式作出答复，起初，这些答复只是作为一种"建议"没有法律意义，但是到了罗马帝国时期，法学家的答复开始变得重要并被赋予法律意义，法学家虽然不是审判官也不是争端的任意一方，却通过自己的意见影响着案件的走向、法律的适用，更有甚者，法学家的意见还有了造法的性质。② 后来，英国和美国纷纷对专家咨询制度进行借鉴，并通过判例引入确定了"法庭之友"制度。此制度能为法官提供一些专业知识，弥补法官在知识方面的不足之处。美国联邦最高法院通过 1823 年 Green v. Biddle 案确立了这个制度，并逐渐得到大范围的认可。法庭之友制度之所以在英美法系的被接受程度高于大陆法系，主要原因是英美法系和大陆法系的诉讼制度不同，在英美法系的诉讼中，法官不会主动搜集证据，而双方当事人提供的证据材料往往具有片面性，不利于法官作出公正的判决，而法庭之友制度的存在可以改善这一问题，弥补对抗制诉讼的缺陷。③

法庭之友这个概念不仅在许多国家的国内法律系统被接受，近些年来，其在许多国际法律程序中也获得认可。在国内法的层面，法庭之友的干预并没有限定给某些特定的群体，通常包括大量的参与者，有个人，也有外国政府；在国际法层面，法庭之友的参与状况又有区分。④ 比方说，国际法庭在法庭之友问题上相当严格、有很多限制。而对欧洲人权法院来说，在《欧洲人权公约》中就包含了法庭之友参与问题的特定条款，供人权法院参考适用。WTO 中的贸易争端解决机制，作为与投资争端解决最具相关性的机制，同样允许法庭之友通过提交书面文件参与到案件中来。

---

① 《元照英美法词典》，法律出版社 2003 年版，第 69 页。

② 刘京莲：《法庭之友参与国际投资仲裁体制研究》，载《太平洋学报》2008 年第 5 期，第 7 页。

③ 陈桂明、吴如巧：《"法庭之友"制度及其借鉴》，载《河北法学》2009 年第 2 期。

④ Lance Bartholomeusz. The Amicus Curiae Before International Courts and Tribunals. Non-State Actors & International Law，2005.

（一）"法庭之友"制度的主要内容

1. "法庭之友"的主体

在诉讼程序中，法庭之友和争端当事双方地位不同。第一，诉讼当事人要遵守诉讼法中管辖权的相关规定，在有管辖权的法院解决争议，而法庭之友不受管辖权的制约，只要认为相关案件涉及他的利益或公共利益，就可以请求作为法庭之友参与诉讼。第二，双方当事人全程受到诉讼程序的制约，要严格遵守诉讼法的相关规定，遵守法庭纪律，而法庭之友并不受制于上述规则；诉讼当事人提交的证据材料等，要符合国家司法规制中的证据标准，法庭之友提交的通常是一些在诉讼中没有被当事人涉及的事实信息或书面意见，事实信息等不需要遵守此类标准。① 面对诉讼结果，当事人可以进行上诉，但法庭之友没有上诉的权利。②

作为法庭之友的，通常来说有个人、社会组织和利益团体。法庭之友参与仲裁有两种情况。第一种情况是法庭之友持中立的态度、处于中立客观的地位、在诉讼中没有立场，既不支持原告，也不支持被告，案件也没有涉及其相关利益，只是根据自己的兴趣或关注，单纯地提供自己所知的事实情况，或者利用自身的专业优势，提供法律上的帮助或一些与案件有关的专业知识弥补法官知识的不足，帮助法官认清事实，正确适用法律，作出公正的裁决。这类法庭之友通常是一些从事法律事务的人员或从事某个学科研究的专门人员，比方说法学家、心理学家等。第二种情况是在案件中有相关利益的个人、社会组织或利益团体，申请通过提交法庭之友陈述的方式参与到案件，通过提交相关事实，试图左右案件的发展趋势来维护某些特定的利益。虽然在这类案件中，法庭之友同样不能左右法官对案件的判决，但是，其容易被利益驱使而被任一方当事人利用，在主张上倾向于支持当事人一方，从而作出有失偏颇的法庭之友陈述。③ 之所以在诉讼中允许法庭之友的出现，是因为法庭之友能提供当事方没有涉及的事实问题，并且法庭之友能利用自己的专业知识，弥补法官相关知识的不足，帮助法官作出正确的、公正的判决。因此法庭之友的中立地位极其

① Catherine T. Struve. Jurisdiction And Related Matters. Prac. & Proc, 2009(4).

② Cawley Jared B. Friend of the Court: How the WTO Justifies the Acceptance of the Amicus Curiae Brief from Non-Governmental Organizations. Penn State International Law Review, 2004(23): 47-78.

③ Linda Sandstrom Simard. An Empirical Study of Amici Curiae in Federal Court: A Fine Balance of Access, Efficiency, and Adversarialism. Linda Sandstrom Simard, 2007: 669.

重要，否则，法庭之友制度将失去存在的意义。但是在利益的驱动下，很多利益集团为当事人所利用，成为了为当事人一方发声的工具，试图左右法官的判断，这严重影响了司法秩序和司法公正，这也是反对法庭之友制度的一大理由。甚至有学者一针见血地指出，"法庭之友"已经实现从法庭的"朋友"到当事人的"朋友"再到"游说工具"的转变了。①

2. 提交书面意见的方式

提交法庭之友书面陈述的方式有两种，一是在法庭的要求下被动提交，二是自己主动要求提交。前文也已经讲到，法庭之友最初雏形是古罗马时期的专家咨询制度，是法官对案件的处理力不从心的时候，会主动寻求法学家的帮助，这些法学家就是最初的"法庭之友"。因此，法庭之友提交书面意见的一个最基本的方式就是在法庭的要求下提交书面意见，这个时候的法庭之友通常在案件中没有相关利益，提交的法庭之友意见也是最中立，有利于法庭作出公正的判决。随着法律制度的发展，逐渐出现了新的形式，即对案件感兴趣的或在案件中有相关利益的个人、社会组织、利益团体主动要求加入诉讼中，主动提交书面意见。

(二) 法庭之友的法律价值

法官之友在司法发展中发挥着其特有的作用，作为独立于双方当事人的一方，首先，法庭之友能在事实上和法律上提出独到的视角，提供当事人在申请书和答辩状中没有提及的事实问题和法律依据。其次，法庭之友可以为法官提供其需要的专业知识方面的帮助，弥补法官知识的缺陷和断层，解决司法审判中面临的争议过多的问题和疑难问题，有助于法官作出正确的判断，对增强司法公正有一定的作用。因此，其不仅受到英美法系的欢迎，也开始被越来越多的大陆法系国家引入。最后，通过法庭之友提交书面意见的方式，公众的知情权得到了保障，并且通过法庭之友可以将民众的意见传递给法院，使得司法机制的运行更能得到群众的认同，获得更多的支持。

虽然法庭之友制度实现了上述很多价值，但是我们也必须正视在这个制度的发展中出现的弊端。一方面，作为法庭之友的利益集团或个人很有可能被当事一方所控制和利用，失去其中立地位，在扮演法庭之友角色的时候有失公

---

① 陈桂明，吴如巧：《"法庭之友"制度及其借鉴》，载《河北法学》2009 年第 2 期，第 94 页。

正，对法官作出错误的引导，最终严重影响了司法公正和当事人的利益。另一方面，有些不够专业的法庭之友提交的陈述意见的质量参差不齐，有些质量较差无法为法官提供帮助，反而浪费了时间，影响诉讼效率，加重了法院和当事人的负担。①

综上所述，法庭之友制度有其优势，但是同时也出现了一些不可忽视的弊端。但是笔者认为，总的来说弊大于利，只要注意扬长避短，其就有存在的价值。目前，不仅是在国内法领域，国际法领域也有越来越多的机构开始承认并接受法庭之友制度。比方说国际法院、国际海洋法庭、欧洲人权法庭、国际刑事法院、前南斯拉夫国际刑事法庭、世界贸易组织、ICSID 和 NAFTA。② 下文将重点对 ICSID 和 NAFTA 中的法庭之友问题进行研究。

（三）投资仲裁领域关于"法庭之友"的不同规定

《ICSID 仲裁规则》于 1968 年 1 月 1 日生效，至今共进行了三次修改，第一次修改在 1984 年通过并立即生效，第二次修改在 2002 年 9 月 29 日通过，并于 2003 年 1 月 1 日生效，第三次修改于 2006 年生效。对比三个修订本可以发现，2006 年之前的《ICSID 仲裁规则》并没有关于"法庭之友"的规定。"法庭之友"的相关规定，是在国际呼声高涨的情况下，于 2006 年修订加入仲裁规则中的。

通过表 5 可以看出，NAFTA 中没有关于法庭之友的规定，在经过实践和公众呼吁，2003 年 FTA 发表了声明，明确了仲裁庭接受法庭之友书面意见的自由裁量权并制定了一系列标准。ICSID 虽然在 2006 年修订版中加入了"法庭之友"的相关规定，但仍然只是比较粗略的规定，如法庭之友书面意见要为仲裁庭提供不同的视角和专业知识、要在争议事项范围内等。相比之下，NAFTA 和《UNCITRAL 透明度规则》的规定更加具体，不仅对法庭之友提交的书面意见进行了以上内容方面的要求，对形式也作出了规定，如书面意见内容要简洁，不能超过仲裁庭规定的页数。另外 NAFTA 和 UNCITRAL 在"法庭之友"提交书面意见的程序方面也作出了更具体的规定，要求法庭之友先提交申请，并对申请书的形式和内容都做了具体的安排。

---

① Victor E. Flango, Donald C. Bross, Sarah Corbally. Amicus Curiae Briefs: The Court's Perspective. Just. Sys. J, 2006: 180.

② Lance Bartholomeusz. The Amicus Curiae before International Courts and Tribunals. Non-State Actors and International Law, 2005: 212.

表5　　　　　　　　　　关于"法庭之友"的规定

	规定	出处
ICSID	在和争议双方协商后，仲裁庭可以允许非争议方在争议事项范围内提交书面意见。在决定是否接受法庭之友书面意见时，仲裁庭必须考虑以下因素：（1）法庭之友的书面意见是否能提供与争端当事人不同的视角和专业的知识，来协助仲裁庭决定一些事实和法律问题；（2）非争议方提交的书面意见要在争议事项范围内；（3）第三方在此程序中有重大利益。仲裁庭要确保法庭之友意见没有对仲裁程序造成干扰、没有给双方当事人造成负担或不公	2006年《ICSID仲裁规则》第37（2）条
NAFTA	接受法庭之友书面意见是仲裁庭的自由裁量权，NAFTA中没有条款限制仲裁的裁量权。考虑到法庭之友提交书面意见可能会影响第十一章的运作，FTA作出如下规定：要提交书面意见的非当事方，要向仲裁庭提交书面申请，申请书要符合格式要求并披露申请人与争议双方有没有直接或间接的附属关系；提交的书面意见必须简洁，包括附录不得超过20页；要有一个表明立场的简短声明；要在争议事项范围内提交书面意见	2003年FTC发布的"Statement of the Free Trade Commission on non-disputing party participation" A（1）B（1）（2）（3）
UNCITRAL	（1）经与争议各方协商后，仲裁庭可允许既不是争议方也不是非争议方条约缔约方的人就争议范围内的事项向仲裁庭提交书面材料；（2）仲裁庭应确保任何提交材料不对仲裁程序造成干扰或不适当的负担，或对任何争议方造成不公正的损害	2014年《贸易法委员会投资人与国家间基于条约仲裁透明度规则》第4条
《美国2012年双边投资协定范本》	仲裁庭有权接受和考虑非争议方的个人或实体递交的法庭之友陈述	《美国2012年双边投资协定范本》第28（3）条

三、庭审过程的公开

公开庭审过程，使公众可以参加庭审，获知相关信息，是对公众知情权的莫大保证。ICSID 规定争端当事方有否决权，如果当事方反对，则第三方无法参加庭审；《UNCITRAL 透明度规则》和美国 BIT 范本均规定"应公开审理"，同时也规定了例外情况，用来保护机密信息，仲裁庭要采取适当措施保护机密不泄露。《UNCITRAL 透明度规则》还规定，经与争议各方协商后，仲裁庭可决定在出于实际原因而变得有必要时不公开举行全部或部分审理。各规定关于庭审过程公开状况的规定如表 6 所示。

表 6 关于庭审过程公开状况的规定

	规定	出处
ICSID	除非当事方反对，在仲裁庭与秘书处协商后，可以允许第三方包括证人、专家等，参加或参观庭审。仲裁庭要因此设定程序来保护专有的或私密的信息	2006 年《ICSID 仲裁规则》第 32 (2)条
NAFTA	无	无
UNCITRAL	(1)除第 6 条第 2 款和第 3 款另有规定外，为出示证据或进行口头辩论而进行的审理（"审理"）应公开举行。(2)依照第 7 条有必要保护机密信息或者仲裁程序完整性的，仲裁庭应做出安排，不公开举行需要此种保护的审理部分。(3)仲裁庭可做出实际安排，便利公众列席审理(酌情包括通过视频链接或其认为适当的其他手段安排列席)。但是，经与争议各方协商后，仲裁庭可决定在出于实际原因而变得有必要时(例如，情况使得原来安排的公众列席审理不可行)不公开举行全部或部分审理	2014 年《贸易法委员会投资人与国家间基于条约仲裁透明度规则》第 6 (1)~(3)条
《美国 2012 年双边投资协定范本》	仲裁庭应举行公开听证，并在询问争议方的意见后决定合适的后勤安排。然而，争议任何一方如果将在听证中使用受保护信息时，应通知仲裁庭。仲裁庭应采取适当措施以保护该信息不被泄露	《美国 2012 年双边投资协定范本》第 29(2)条

四、仲裁程序中文件的公开

包括公开申请书、答辩书、仲裁中的证据文件、仲裁庭的决定等，向第三方公开仲裁程序中的文件，可以确保公众了解仲裁案件的进程和具体的仲裁信息。根据表 7 可以知道，ICSID 规定公开文件的主体是秘书处。NAFTA 的 Notes 中没有明确公开主体，但明确争端双方有公开相关文件的权利。而《UNCITRAL 透明度规则》规定，仲裁庭将文件交给存储处，由存储处及时对文件进行公开，公开的主体是存储处。美国 2012 年 BIT 范本中，公布的主体是争端双方。此外，NAFTA 和《UNCITRAL 透明度规则》都明确了公开的例外，在确保透明度的同时，注意保密信息的保护。

对于公开的范围，ICSID 之规定公开会议记录和其他记录。笔者认为这一范围不够明确。其他记录所指为何物？当事人的申请书、答辩书、证据材料等在不在其他记录的范畴？仅仅根据此条款来看我们不得而知。各规则关于仲裁程序中文件公开状况的规定如表 7 所示。

表 7   **仲裁程序中文件的公开**

	规定	出处
ICSID	如果仲裁双方同意，秘书处可以公布仲裁过程中的会议记录和其他记录。秘书处应以适当的方式对以上记录进行公布	*Administrative and Financial Regulation* 第 22(2)(b)
NAFTA	(1)NAFTA 第十一章中没有规定一般保密义务，并且，NAFTA 中没有条款排除当事人将其提交的或仲裁庭发布的文件向外公布的权利 (2)双方都同意将其提交的文件，或仲裁公布的文件，及时地以适当方式公布，除非是：商业机密信息；一缔约方国内法中禁止披露的信息；根据适用的仲裁条款，双方必须进行保留的信息 (3)缔约方再次确认，如果争议方认为有必要，可以将相关文件披露给予仲裁有关的第三方，但要确保第三方保护这些文件中的商业机密	2001 年 7 月 31 日 NAFTA 的 FTC 公布 *North American Free Trade Agreement Notes of Interpretation of Certain Chapter 11 Provisions* A(1)(2)
UNCITRAL	(1)除第 7 条另有规定外，应向公众提供下列文件：仲裁通知、对仲裁通知的答复、申请书、答辩书以及任何争议方提交的任何进一步书面陈述或书面材料；(2)根据第 3 款获准查阅文件的人应负担向其提供这些文件的相关行政管理费，如文件影印费和向其运送文件的费用，但不包括通过存储处向公众提供这些文件的费用	2014 年《贸易法委员会投资人与国家间基于条约仲裁透明度规则》

	规定	出处
《美国 2012 年双边投资协定范本》	一、根据第 2~4 款，被申请人在接收到下列文书后，应迅速地将它们转达给非争议方，并向公众公布：(三)争议方向仲裁庭提交的请求、记录、陈述，依据第 28 条第 2 款[非争议方提交材料]和第三款[法庭之友]，第 33 条[合并仲裁]规定的其他书面提交的材料；(四)那些可获得的仲裁中的聆讯的记录和备忘录；(五)仲裁庭的命令、裁决和决定	《美国 2012 年双边投资协定范本》第 29(3)条

五、投资仲裁裁决的公开

仲裁裁决的公开是增强透明度的一个重要环节，通过公开仲裁裁决，公众可以了解仲裁的结果和仲裁庭的裁决理由，增强公众对投资仲裁全方位的了解，增强投资仲裁制度的可预见性。各规则关于仲裁裁决公开的规定如表 8 所示。

表 8　　　　　　　　　　**仲裁裁决的公开**

	规定	出处
ICSID	如果没有双方当事人的同意，仲裁庭不能公布仲裁裁决	2006 年《ICSID 仲裁规则》第 48(4)条
NAFTA	无	无
UNCITRAL	非争议方条约缔约方以及第三人提交的任何书面材料、审理笔录(如果有)以及仲裁庭的命令、决定和裁决	2014 年《贸易法委员会投资人与国家基于条约仲裁透明度规则》第 3(1)条
《美国 2012 年双边投资协定范本》	一、根据第 2~4 款，被申请人在接收到下列文书后，应迅速地将它们转达给非争议方，并向公众公布……(五)仲裁庭的命令、裁决和决定	《美国 2012 年双边投资协定范本》第 29(1)条

第四节　与仲裁透明度相对应的概念：仲裁保密性

很多国际仲裁的拥护者都将保密性作为仲裁的一项制度优势，认为保密性能够提高解决争端的效率，促进案件平等、和平的解决。并且程序的保密性可以减少社会公众舆论对案件的影响，使焦点集中在法律和事实本身。不仅如此，商事仲裁的秘密性也可以保护商业机密，维护企业的市场形象。

一、商事仲裁中保密性的概念

仲裁保密性最基本的含义是指仲裁案件不公开审理，即在一般情况下，案件的非当事方在未得到所有仲裁当事人和仲裁庭的允许之前，不得参与仲裁审理程序。① 除此之外，保密性还包括不得披露仲裁相关文件，包括申请书、答辩书、相关证据材料和仲裁裁决等。从概念上看，保密性有两点，一是禁止第三方参与仲裁审理程序，二是不得披露仲裁相关文件。那么，保密和隐私有何区别？当前国内仲裁立法和国际仲裁规则又对保密性作出了怎样的规定？

在仲裁中，对"隐私"（privacy）和"保密"（confidentiality）进行区分是非常重要的。"隐私"是指，在绝大多数的仲裁法规和仲裁机构规则之下，只有仲裁当事人可以参与开庭、参与到仲裁的程序中来，第三人不可以。与之不同的是，"保密"是指不能将仲裁相关信息披露给第三方的一种义务。② 保密义务不仅包括禁止第三方参加仲裁开庭，也包括禁止当事方向第三方披露仲裁庭审过程中的文字记录、仲裁申请书、答辩书、仲裁过程中提交的意见、仲裁中取得的证据以及仲裁裁决书等。也就是说，隐私强调的是一种权利，而保密强调的是仲裁庭和仲裁当事方的义务。

尽管大多数国家的仲裁法没有对保密性问题作出明文规定，但各国法律体系一致承认当事人对于国际仲裁程序中的保密问题有自主权。这是当事人意思自治内容的一部分，而这种程序自主权被《纽约公约》以及大多数当代仲裁制度所承认。因此，只要不是涉及国家强制性规定，当事人间关于秘密性的约定应是合法有效的，当然，这种约定不能违背公共秩序。不过需要注意的是，根

---

① 郭玉军，梅秋玲：《仲裁的保密性问题研究》，载《法学评论》2004 年第 2 期，第 26 页。

② Richard C. Reuben. Confidentiality in Arbitration: Beyond the Myth. Kansas Law Review, 2006(54): 1257.

据合同的相对性，当事人仲裁协议中的保密条款只能约束双方当事人，对于第三方则没有约束力。

在许多情况下，当事人没有在仲裁协议中对保密性问题进行约定。在这些案件中，国内法院对国际商事仲裁的保密性问题得出不同的结论。一些法院承认相对广泛的保密义务，即从仲裁合意的存在中推导出的默示义务。与之相反，有些国家的法院则拒绝默示义务这一概念，认为关于秘密性的合意要明确地在协议中表现出来。英格兰法院反复确认仲裁协议会产生默示保密义务，将其解释为法律默示的基本原则。认为既然当事人同意将他们的争议提交给仲裁，就意味着暗示了第三方应被排除在仲裁程序之外。其结果就是仲裁审理过程不向第三方开放，且不向其披露仲裁相关文件。新加坡也采取了和英国相同的观点，即使双方当事人没有约定保密义务，但只要存在仲裁协议或仲裁条款，就意味着当事人要承担默示的保密义务。只有在允许的情况下才能对相关信息进行披露。相反，一些法域则对默示保密义务持否定的态度。澳大利亚是其中的典型代表。在一个判决①中，澳大利亚法院认为，仲裁是"私密"的，但不意味着仲裁是"保密"的，并进一步认为，如果当事人有保密需求，当事人有约定保密义务的自由。

在大多数国内法和仲裁机构规则下，仲裁庭的合议内容都被认为是保密的。同样的保密义务也有国际仲裁员的道德和职业规范守则所规定。仲裁员合议内容的保密还扩展到裁决的草稿、对案件处理的内部交流、对裁决草稿的评论以及口头合议的内容。《中国国际经济贸易仲裁委员会仲裁员守则》于1993年4月6日通过，1994年5月6日修订，其第13条规定："仲裁员应当严格保守仲裁秘密，不得向外界透露任何有关案件实体和程序上的情况，包括案情、审理过程、仲裁庭合议等情况。"

(一) 国内仲裁立法下的保密性

《联合国国际贸易法委员会国际商事仲裁示范法》为大多数国家的国内仲裁立法起到示范作用，但是，该示范法中却对保密性问题只字未提。在一份名为《秘书长关于国际商事仲裁示范法未来发展可能性》的文件中提到，该示范法的起草者拒绝了对仲裁裁决和庭审过程进行保密的协议，其认为尽管支持公

---

① See Esso Australia Resource Ltd. v. Plowman, XXI Y. B. Comm. Arb. 137. 151 (Australian High Court 1995).

开裁决和反对公开裁决的双方都具有很好的理由，但还是留给当事人或他们所选择的仲裁规则来决定这个问题。① 其他仲裁立法也没有规定秘密性问题，美国《联邦仲裁法》、瑞士《联邦国际私法典》、日本《仲裁法》和其他大多数国家的当代立法均是如此。英国作为一个仲裁历史悠久的国家，其 1996 年仲裁法也没有对仲裁保密性作出明文规定。

尽管如此，还是有小部分国家在借鉴《联合国国际贸易法委员会国际商事仲裁示范法》的时候，额外规定了一些仲裁程序中的秘密性条款，比如新西兰和西班牙。②《新西兰仲裁法案》(New Zealand Arbitration Act)第 14 条规定，除非当事人另有书面协议，否则本法第 14 条从 A 到 I 适用于所有仲裁地在新西兰的仲裁。其中第 14 条 A 规定："仲裁庭要确保仲裁的保密性。"第 14 条 B 规定："所有适用本条的仲裁协议都被视为规定仲裁当事人和仲裁庭不得披露保密信息。"第 14 条 C 规定，"只有在以下情况下，仲裁当事方和仲裁庭才能披露仲裁保密信息：披露给任一方当事人的专家或顾问；当披露对于确保双方呈现全部的事实是必要的；当披露对于建立和保护当事方的实体权利是必要的；如果披露是根据某个命令做出的，或根据法院签发的传票做出；如果披露是经过法律授权。"③也就是说，适用《新西兰仲裁法案》的仲裁协议应被视为规定当事人不得公开、披露或传达与协议下仲裁程序相关或经由该等程序做出的仲裁相关信息；西班牙《仲裁法》第 24 条第 2 款规定："仲裁员、当事人以及仲裁机构，若适用本法，则对仲裁程序过程中他们所知晓的信息负有保密义务。"④

(二) 机构仲裁规则下的保密问题

机构规则对待保密性问题的态度也各有不同。许多仲裁机构的仲裁规则中，都包含保密性条款，特别在一些近期修改过的规则中。《斯德哥尔摩商

---

① See Report of the Secretary-General on Possible Features of a model Law on International Commercial Arbitration, UNCITRAL 75, 90 (1981).

② Gary B. Born. International Arbitration: Law and Practice. Kluwer Law International, 2012: 150.

③ Arbitration Act 1996, art. 14. http://www.legislation.govt.nz/act/public/1996/0099/latest/DLM403277.html#DLM1075805.

④ Gary B. Born. International Arbitration: Law and Practice. Kluwer Law International, 2012: 150.

会仲裁院仲裁规则》和《伦敦国际仲裁院仲裁规则》中，都有类似的禁止当事人、仲裁庭向第三方披露信息的规定。《斯德哥尔摩商会仲裁院仲裁规则》第 46 条规定："除非当事人另有约定，仲裁院和仲裁庭应当保守仲裁和仲裁裁决秘密。"①《伦敦国际仲裁院仲裁规则》第 30 条第 1 款规定："除非当事人另有明确书面约定，各方当事人承诺，保密作为一项基本原则，对仲裁中做出的一切裁决，以及为了仲裁的目的在仲裁过程中产生的全部材料以及另一方当事人在仲裁程序中出示不被第三方知悉的所有其他材料进行保密，除了在公共领域下，为保护或谋求某一法律权利，或者在国内法院或其他司法机构的善意的法律程序中由于执行或质疑仲裁裁决，当事人有法律义务进行一定程度的披露。仲裁庭的开庭过程也应同样由仲裁庭保密，除非由于一名仲裁员拒绝参加仲裁而须根据第 10 条、第 12 条和第 26 条的规定由仲裁庭其他成员作出有关披露。在未获得全体当事人和仲裁庭事先书面同意前，仲裁庭不得公布任何仲裁裁决或裁决的任何材料。"②也就是说，《伦敦国际仲裁院仲裁规则》不仅规定了当事方和仲裁庭的保密义务，还规定了保密义务的例外，当法院或其他司法机构为了保护或追索合法权利进行善意法律程序时，可以不遵守保密义务。

　　还有些仲裁机构的仲裁规则对保密性的规定则很有限，仅适用于仲裁过程的某些特定方面。1976 年《联合国国际贸易法委员会仲裁规则》第 34 条第 5 款规定："裁决须经双方当事人同意才可公布。"③《联合国国际贸易法委员会仲裁规则》最初于 1976 年通过，一直用于解决多种争议，其中包括没有仲裁机构参与的私营商业当事方之间的争议、投资人与国家之间的争议、国家与国家之间的争议以及由仲裁机构管理的商事争议。因为经过几十年的发展，1976 年版的规则已经不能适应社会发展和仲裁实践的需要。新版本的规则并没有"伤筋动骨"，没有在结构上进行调整，修正的主要目的是提高仲裁的效率，进一步实现效率价值。修订后的规则第 28 条第 1 款规定，如果争端双方没有做出其他约定，仲裁的庭审过程不公开。仲裁庭可在任何证人包括专家证人作证时，要求其他证人包括专家证人退庭，但证人包括专家证人为仲裁一方当事人

---

①　《斯德哥尔摩商会仲裁院仲裁规则》，第 46 条，http：//sccinstitute. com/media/40122/arbitrationrules_chi_webbversion. pdf.

②　《伦敦国际仲裁院仲裁规则》，第 30 条，http：//www. cietac. org. cn/index. php？m=Article&a=show&id=89.

③　《伦敦国际仲裁院仲裁规则》，第 34 条，http：//www. uncitral. org/pdf/chinese/texts/arbitration/arb-rules/arb-rules-c. pdf.

的，原则上不应要求其退庭。① 在当事人没有相反约定的情况下，《联合国国际贸易法委员会仲裁规则》不公开审理、不允许向非当事人公布裁决，并没有涉及其他方面的保密性。

类似的，经过长时间的讨论，《国际商会仲裁规则》1998 年和 2012 年修订版的起草者拒绝了一般性保密义务的建议，而是仅仅规定了仲裁开庭的不公开性和裁决的保密性。尽管《国际商会仲裁规则》的保密性条款的范围有限，仲裁庭一般都认为国际商会仲裁院的仲裁还是保密的，已成为惯例。

《中国国际经济贸易仲裁委员会》第 38 条对"保密"作出规定："保密仲裁庭不对仲裁审理过程进行公开。争端当事双方要求公开审理的，由仲裁庭决定是否公开审理。不公开审理的案件，双方当事人及其仲裁代理人、仲裁员、证人、翻译、仲裁庭咨询的专家和指定的鉴定人，以及其他有关人员，均不得对外界透露案件实体和程序的有关情况。"可以看出，中国涉外仲裁机构的仲裁规则是很有特点的，原则上庭审是不公开进行的，当事人要求公开审理的，也要由仲裁庭来决定，也就是说，仲裁庭对公开审理有最终决定权。另外，此仲裁规则的保密性条款比较广泛，要求当事方和非当事方均有保密义务，且对实体和程序的有关情况都要进行保密。

二、国际商事仲裁中的保密性

仲裁的保密性是商事仲裁重要的特征之一，也是许多当事人选择仲裁作为争端解决方式的主要原因，甚至可以说是最重要的理由，通常来说，保密性对当事人的意义有以下几点：保护商业机密、维护商业信誉、避免当事人陷入更多的纠纷。

第一，保护商业机密。在仲裁的过程中，很有可能会涉及主体的一些信息，而这些信息对企业来说非常重要，甚至是其安身立命的根本。比方说，某种产品的制造秘方等、客户名册等，这种信息一旦泄露，会给企业造成巨大的经济损失。

第二，维护商业声誉。声誉是一个企业无形的资产，特别是在信息扩散十分迅速的今天。很多当事人之所以不选择诉讼方式解决纠纷，而是选择仲裁，除了效率的考量外，另一个重要的原因就是仲裁的保密性。公司发生纠纷后，

---

① 《贸易法委员会仲裁规则》(2010 年修订)，http：//www.uncitral.org/pdf/chinese/texts/arbitration/arb-rules-revised/arb-rules-revised-c.pdf.

一旦这种信息容易被竞争对手得知，就很容易被竞争对手所利用并进行宣传，甚至会被竞争对手进一步抹黑，影响公众对此企业的认知，并从此一蹶不振。而仲裁可以使双方关起门来解决纠纷，避免纠纷相关信息的泄露，避免社会舆论和媒体的导向，使得当事人不至于因为输掉官司而声名狼藉。

第三，避免当事人陷入更多的纠纷。一个公司在自己的经营领域里往往会同时遇到很多相类似的纠纷。如果其中的一个纠纷提起诉讼，公开了程序，那么纠纷的事实与内容很容易被其他类似纠纷的主体所知晓。在这种情况下，存在类似纠纷的其他相对方就可以很容易地利用上一次纠纷中的主张和证据提起类似的仲裁，这种情况时有发生，被称为模仿性诉讼。仲裁保密可以减少模仿性诉讼的提起。

三、国际投资仲裁中的保密性

（一）投资者—国家仲裁中的保密条款

许多投资者—国家仲裁中的保密条款和大多数国际商事仲裁条款不同。一般来说，投资仲裁中对仲裁程序和提交的材料的规定，比商事仲裁中"透明"得多，换句话说，国际投资仲裁的保密性低。

为投资仲裁设定的《北美自由贸易协定》机制最初并没有解决保密和透明的问题。但是，《北美自由贸易协定》的成员之后排除了第十一章下投资仲裁中的保密义务，《北美自由贸易协定》成员联合发表声明，宣称对第十一章进行如下解释："《北美自由贸易协定》没有任何内容对第十一章下仲裁争议的就解决设置保密义务，并且根据第 1137 条第 4 款《北美自由贸易协定》没有任何内容禁止当事人公开第十一章仲裁庭收到或发出的文件。"[1]

同样的，国际投资争端解决中心的投资仲裁也没有规定一般性的保密义务。仲裁庭已经区分了商事仲裁和《国际投资争端解决中心仲裁规则》及类似规则下的投资者—国家仲裁下的保密义务。仲裁庭认为，无论商事当事人在私人合意的仲裁中采取怎样的立场，但在本仲裁庭目前处理的此类案件中，并未建立起任何关于保密性的一般原则。支持保密性的论点在于仲裁协议中的推定

---

[1]　Notes of Interpretation of Certain Chapter 11 Provisions (NAFTA Free Trade Commission, July 31, 2001). http://www.dfait-maeci.gc.ca/trade-agreements-accords-commerciaux/topics-domaines/disp-diff/NAFTA-Interpr.aspx? lang=eng.

默示条款。但当前的仲裁是根据双边或多边投资条约的条款产生的，而不是基于争议双方的仲裁协议。① 在 Biwater Gauff（Tanzania）Ltd. v. United Republic of Tanzania 案中，仲裁庭指出，在投资仲裁中，保密性和隐私问题不同于在国际商事仲裁中发挥的作用。在投资仲裁中，不再那么看重保密性，而是有了显著的透明化趋势。②

同时，国际投资争端解决中心仲裁庭则对仲裁程序材料的公开表示保留。虽然仲裁庭在很多案件的裁决中表示承认投资仲裁的透明度趋势，但为了程序公正，也为了避免给当事人引发更多类似的纠纷，中心对当事人公开裁决信息加以限制。国际投资争端解决中心仲裁庭强调，"如果程序中当事人将对案件的公共讨论限制于适度的范围内，那么会对仲裁程序的有序开展十分有利"。并且仲裁庭的职责和义务包括确保今后程序的开展是有规律的、公平的且有秩序的，还包括确保不发生潜在的延迟和不公平，以及降低恶化争议以及以后再次引发争议的风险。基于这些考虑，为防止争议双方的矛盾加深，也为了防止社会舆论干扰仲裁案件，一些仲裁庭禁止对仲裁中提交的材料进行披露，并限制当事人对仲裁进行公开讨论。③ 对国际投资仲裁规则中的保密条款进行的汇总如表9所示。

（二）对国际投资仲裁中保密性的分析

上文已述，传统仲裁坚持保密性，使公众无法对当事人的争端解决进行窥视，有利于保护当事方的商业机密、维护其声誉，同时避免引起更多类似的纠纷。总而言之，仲裁的保密性有助于保护仲裁当事方的个人利益。但是，很多案件，尤其是投资仲裁案件，由于其特殊性，往往会涉及环境保护、公共健康等问题，如果此时再坚持保密性，就会侵害公众的知情权，而公众丧失知情权的后果，就是公共利益的损害。

---

① S. D. Myers Inc. v. Gov't of Canada, in NAFTA Procedural Order No. 16,（13 May 2000）. http：//www. naftaclaims. com.

② Biwater Gauff（Tanzania）Ltd v. United Republic of Tanzania, Procedural Order No. 3, ICSID Case No. ARB/05/22（29 September 2006）. http：//icsid. worldbank. org.

③ The Loewen Group v. United States of America, Decision on Competence and Jurisdiction, ICSID Case No. ARB（AF）/98/3（NAFTA）（5 January 2001）. http：//www. state. gov/s/l/c3439. htm.

表9　　　　　　　　　各规则中对保密条款的规定

	规定	出处
ICSID	仲裁庭应制定相应的规则，对仲裁中的保密信息进行保护	2006 年 ICSID 仲裁规则第 32(2)
NAFTA	争端方应及时将相关文件公开，公开前要对以下信息进行处理：商业机密、特权信息或内国法禁止披露的信息；依据相关仲裁规则当事方必须保护的信息	2001 自由贸易委员会声明 A2(b)
《UNCITRAL 透明度规则》	机密信息或保护信息包括：商业机密、相关条约禁止披露的信息、相关内国法禁止披露的信息、一旦披露会妨碍执行法律的信息	《UNCITRAL 透明度规则》第 7 条
《2012 美国双边投资协定范本》	不能公开下列信息：公开会损害必要安全利益；公开会阻碍法律运行；影响公共利益；损害当事人商业利益	美 2012BIT，第 18、19、29 条

　　为了鼓励跨国直接投资，在投资仲裁中，投资者往往会受到更多的保护，而且，仲裁庭基于"私有财产神圣不可侵犯"的理念，也更倾向于保护投资者的私人利益，忽视公共利益的保护。只有打破传统仲裁中的秘密性，增强投资仲裁透明度，让公众参与进来，才能改变这种情况。为了达到这个目的，要对国际投资仲裁中的保密性和透明度进行平衡。

第五节　平衡国际投资仲裁的透明度和保密性

　　要提高投资仲裁透明度，增强第三方参与的原因有很多。首先，当争议涉及的国家规则和措施与环境相关或者和公众健康相关时，对于这些争议的解决就会对公共利益产生影响。其次，在投资仲裁案件中，仲裁发起方往往提出很大额的经济索赔，以至于对东道国国民的利益也会造成影响。最后，公众的知情权和人权理论，也都是增强第三方参与的理论支撑。① 但是，不可否认的是，增强投资仲裁透明度也要付出一定的代价的可能性：比方说，如果处理不

---

　　① Nakagawa J. Transparency in International Trade and Investment Dispute Settlement, Routledge，2013：6-7.

好，有可能会增加投资仲裁中的不必要的开销，造成程序上时间的拖延。因此，在进行透明度改革的时候，要把握好一个度，一旦用力过猛，过于透明，则很可能会侵害仲裁当事方的利益，使得国际社会对这种争端解决方式望而却步。然而仅限于皮毛的改革、表面上的透明度又可能不能满足国际社会上非争端方的知情权需要。笔者认为可以借鉴国内法和国际法上的比例原则来解决这个问题，用比例原则来平衡国际法上的透明度和保密性。

一、国内法中和国际法中对比例原则的适用

比例是指事物的一部分和另一部分的关系，此概念存在的最初形式是比例性思想，在 19 世纪的德国上升为一个原则。其虽然诞生于欧洲，但是理念和中国传统文化中的"中庸思想"非常相似，强调折中和调和，反对不足和过度。对于比例原则的理论学说，德国学界坚持三分法，认为比例原则中又包括适当性原则、必要性原则和相称原则。① 也有学者坚持二分法，认为适当性原则包含在必要性原则中。

最初适用比例原则的领域是国内法，特别是宪法行政法领域，后来，其适用范围逐渐扩大到国际法领域，在战争法和 WTO 中，经常会提到比例原则。总的来说，比例原则强调的手段和目的之间的必要性和适当性，一项措施的实施不得超过必要的限度。②在国内法领域，比例原则是为了平衡相互矛盾的权利之间的关系，表现在行政法中就是国家权力和私人权利之间的关系，适当限制国家公权力，保护私人权利。公法上的比例原则就是限制国家权力行使的方式方法，引导国家公权力机关谨慎行使权力，在实现国家利益的同时，选择对私人利益损害最小的方式。

在国际法领域最先引入比例原则的是自卫和报复，在国际关系中，面对外来侵犯，国家不是只能逆来顺受，而是可以开展自卫和报复，但自卫和报复的程度要保持在合理的范围内，自卫和报复的效果达到"保持和恢复原状"，就是符合比例原则的，相反，如果自卫和报复给对方带来的损害甚至大于对方可能给自己带来的损害的，则是不成比例、违背比例原则的甚至会构成侵略。在战争法领域，比例原则是指战争的展开情况应该和引起战争的威胁成比例，

① 陈新民：《德国公法学基础理论》，山东人民出版社 2001 年版，第 368 页。
② 沈开举，程雪阳：《比例原则视角下的社会管理创新》，载《现代法学》2012 年第 2 期，第 86 页。

"战争"不应该比"威胁"带来更多的伤害。①

近年来,关于比例原则的讨论也开始较多地出现在 WTO 法领域,比例原则体现在 WTO 法律制度中时,有时通过比例(proportionality)或不成比例的措辞,有时候并不直接以"比例"两个字形式表现,法律条文中的"适当""合理"等词,都意味着 WTO 法律制度和争端解决对比例原则的承认。② WTO 的目标是实现贸易自由化,但是在实现贸易自由化的同时,又会涉及许多不同的利益,贸易自由化的基本价值和其他价值的冲突不可避免。不可能为了实现贸易的自由化而排除和忽视其他利益,这时候就需要比例原则来作为指导精神。在比例原则的指引下,才能在实现贸易自由化的同时,不至于过度损害其他利益,而是做到利益均衡。比例原则在 WTO《服务贸易总协定》《与贸易有关的知识产权协定》,以及 DSU 中都发挥着积极的作用,此处不再赘述。

二、在投资仲裁透明度改革中确立比例原则

从上文对比例原则在不同领域的概念的梳理我们可以看出,比例原则的适用呈现出普遍化的趋势,从开始的适用于国内法、国内法中的宪法行政法,到后来的适用于国内法中的刑法,最后普及适用到国际法的很多领域,如国际战争法、世界贸易组织法中。鉴于比例原则在这些领域的成功实践,笔者建议在投资仲裁改革中也确立比例原则,理由如下:

其一,比例原则作为一个法律原则,能够发挥原则的作用,当法律或者规则规定不全面使得人们无规则可循时,法律原则可以起到补充的作用、充当弹性条款。

其二,国际投资仲裁领域有使用比例原则的先例。在 2001 年立案的 ICSID 的 Tecmed 诉墨西哥案中,仲裁庭在仲裁裁决中引入了比例原则。仲裁裁决中写道:"为了辨别这些措施是不是具有征收的性质,仲裁庭将会考虑这些行为和措施是否和他们生成要保护的公共利益成比例。在征收行为对外国投资者造成的负担和征收措施要实现的目标之间,必须要有合理的比例关系。为了权衡这个价值,对国家征收行为剥夺的所有权比例和是否得到补偿这两个问题就显得非常重要。国家的征收措施意欲实现的目标和投资者的利益之间,不

---

① Venus Ghareh Baghi, T. R. Maruthi, The Principle of Proportionality in International Criminal Law. AUDJ, 2011(3):5-16.

② 韩秀丽:《论 WTO 法中的比例原则》,厦门大学出版社 2007 年版,第 216 页。

能不成比例。"①无独有偶,在2004年公布的MTD公司诉智利政府案中,仲裁庭也引用了上述案件的裁决书,又一次强调了比例原则的适用。因此,国际投资仲裁领域是不排斥比例原则的,而且当涉及公共利益和私人利益关系的时候,比例原则就能恰如其分地得到适用。

其三,投资仲裁中的保密性,是为了保护争端双方的隐私、促进争端迅速解决,是为了保护私人利益。而在投资仲裁中进行透明度改革,是为了让在仲裁中有重大利益的公众对仲裁的相关状况知情,当仲裁涉及公共卫生、公共健康、保护环境等事项时,参与到仲裁中去,保护公共利益。因此,在投资仲裁透明度改革中引入比例原则,能更好地平衡透明度和保密性,更好地平衡私人利益与公共利益。在比例原则下,可以使投资仲裁不至于因为程序过于透明而损害争端主体的私人利益,也不至于因为程序过于保密而侵犯公共利益。

本 章 小 结

鉴于投资仲裁的正当性危机,20世纪90年代起,国际投资仲裁开始发生改变,不再拘泥于传统仲裁的保密性,而是开始增强投资仲裁中的透明度。国际投资领域的透明度有两层含义,第一层是实质上的透明度,是国际投资领域对缔约国的透明度要求,即政府行为和相关信息的公开。第二层是程序上的透明度。具体来说,前者是指各缔约方应及时公布,或以适当的形式公开其参与缔结的投资条约或双边投资协定,使其国民和第三国知晓;后者是指国际投资争端解决机制中的程序透明,也就是投资仲裁的透明度,在投资仲裁过程中,允许在仲裁中有重大利益的第三方介入,包括仲裁发起的公示、仲裁中的文件的公开、庭审过程的公开、接受法庭之友书面意见等,使在仲裁中有重大利益的第三方能够了解整个争端解决过程。

增强投资仲裁透明度,一方面,仲裁庭和仲裁机构公布仲裁中的程序信息和相关文件,使得相关主体被动实现其知情权;另一方面,如果相关主体认为有必要,会主动向仲裁庭和仲裁机构寻求相关信息,或主动要求以非争端方的身份参与到投资仲裁中来,如主动提交书面意见或主动要求旁听庭审过程或主动要求仲裁庭向其提供相关文件等,这是相关主体主动实现知情权的途径。也

---

① See Técnicas Medioambientales Tecmed, S. A. v. United Mexican States (ICSID Case No. ARB(AF)/00/2), para. 122.

就是说，增强投资仲裁透明度，就可以确保相关主体被动实现知情权，又能保障相关主体主动实现知情权的可能性；增强仲裁透明度的另一大值得研究的价值取向就是投资仲裁透明度与公共利益的保护。投资仲裁中增强透明度，在有利于公共利益的保护的同时，也是冒着暴露商业机密、国家保密信息的风险，但此时私人利益向公共利益让渡是必要的，因为只有保护公共利益，这个争端解决机制才能获得公众的信赖，才能健康存续下去继续解决争端、服务于"私人利益"；有学者认为将信息向第三方公开的过程，会造成一些实质性的开销，而对于原本就要承受仲裁本身高昂费用的当事方来说，这无疑是额外的压力。笔者认为，效率问题是可以通过适当努力和安排解决的问题，其不能构成反对投资仲裁透明度改革的理由之一。

通常来说，增强透明度、允许第三方参与仲裁的方式主要有以下几种：一是启动仲裁程序的公告；二是允许"法庭之友"提交书面意见；三是允许第三方参加庭审过程，获得相关信息，发表口头意见；四是公布相关文件；五是公布仲裁裁决。

为了鼓励跨国直接投资，在投资仲裁中，投资者往往会受到更多的保护，而且，仲裁庭基于"私有财产神圣不可侵犯"的理念，也更倾向于保护投资者的私人利益，忽视公共利益的保护。只有打破传统仲裁中的秘密性，增强投资仲裁透明度，让公众参与进来，才能改变这种情况。为了达到这个目的，要对国际投资仲裁中的保密性和透明度进行平衡。为此，在投资仲裁透明度改革中引入比例原则，能更好地平衡透明度和保密性，更好地平衡私人利益与公共利益。在比例原则下，可以使投资仲裁不至于因为程序过于透明而损害争端主体的私人利益，也不至于因为程序过于保密而侵犯公共利益。

第三章　国际上关于增强投资仲裁
透明度的实践

第一节　NAFTA 关于增强投资仲裁透明度的实践

20 世纪 80 年代以后，欧洲经济一体化给美国带来挑战，日本等东亚国家的崛起也让美国感受到压力，在这种背景下，美国开始寻求与周边国家的合作。《北美自由贸易协定》(*North American Free Trade Agreement*，NAFTA)由美国、加拿大、墨西哥三国签订于 1992 年 8 月 12 日，1994 年 1 月 1 日正式生效。NAFTA 的诞生有着深厚的历史背景，也与《美国—加拿大自由贸易协定》和墨西哥 80 年代的经济变动密不可分，因此在研究 NAFTA 的透明度规则及实践之前，必须对历史背景进行了解。

一、NAFTA 第十一章概述

(一)NAFTA 第十一章的制定背景

早在 18 世纪末 19 世纪初，英国等资本主义国家率先完成工业革命，生产力得到极大的提高，综合国力明显增强，在这种情况下，国内市场和原料已经不能满足资本扩张的需求，为了开拓海外市场、掠夺海外资源，这些国家纷纷走上武力扩张的道路。这一时期并没有专门的投资条约，列强利用自身的武力优势，强迫东道国与之签订不平等条约、获得领事裁判权，极大损害了东道国的国家主权和经济利益。

随着世界经济形势和政治形势的变迁，到第二次世界大战之前，对于资本主义国家投资者的特权保护，逐渐被资本输入国和资本输出国之间保护投资的双边条约所取代，国家间开始签订《友好通商航海条约》(*Treaty of Friendship, Commence and Navigation*，FCN)来解决贸易中出现的问题，可以看出，这一时期重点保护的是贸易，调节贸易纠纷，重视商人利益的实现，但是对于投资没有涉及过多的内容。这种条约，主要是限于一般规定，其内容大致可归纳为以下几点：商人的人身权利和财产权利的保护、商人的出入境管理、商事主体如企业设立和运行的相关规则、外汇和税收方面的政策、争议的解决规则。①

第二次世界大战后，国际投资特别是直接投资大幅增长，与此同时，大批殖民地半殖民地国家获得政治经济双重独立，开始了对外资的征收和国有化，《友好通商航海条例》对投资者权利保护的局限性开始凸显，逐渐被《双边投资协定》(Bilateral Investment Treaty)所取代。双边投资协定又分为美国型的投资保证协定和联邦德国型的促进与保护投资协定。前者实际上是对《友好通商航海条例》的补充，重在强调政治风险的保护，特别是着重关于求偿代位权及处理投资争议程序的规定。后者着重关于鼓励和保护外国投资的规定，除了处理投资争议和求偿代位权等有关程序规定外，大多属于实体性的规定。

到 1979 年，美国已同 100 多个国家签订了《双边投资保护协定》。② 美国、加拿大、墨西哥三个国家由于相互间地理位置十分接近而有了更加密切的政治、经济联系，相互之间的贸易交往和跨国投资十分频繁。

20 世纪 80 年代，美国和加拿大相互成为对方最大的资本输入国。在这种背景下，1988 年，美国、加拿大签署了《美国—加拿大自由贸易协定》(USCFTA)，协议的主要内容是取消关税，减少非关税壁垒，它是最早引入服务贸易的贸易协定，包含公平、迅速的争端解决机制。③ 协议生效后，美国和加拿大之间的贸易往来迅速增加。

墨西哥和美国在贸易和投资领域同样具有深厚的历史背景，但是长久以来，墨西哥深受拉美"卡尔沃主义"的影响，坚持国家对外资的绝对控制权，反对外交保护和国际仲裁。"卡尔沃主义"是 19 世纪 60 年代由阿根廷著名的国际法学家提出的，该理论的主要依据是国家主权平等和内外国人待遇平等。④ 卡尔沃主义的含义包括以下几点：各个国家主权平等，不得对其他国家进行政治干涉，也不得进行武力威胁；对于他国人在本国遭遇的争端，只能在当地通过当地的争端解决方式来解决；外国人不能享有比本国人更高的待遇。

第二次世界大战后，政治和经济形势的变化促使拉美国家对卡尔沃主义的

---

① 姚梅镇著：《国际投资法(第三版)》，武汉大学出版社 2011 年版，第 243 页。

② 姚梅镇著：《国际投资法(第三版)》，武汉大学出版社 2011 年版，第 244 页。

③ 《美国—加拿大自由贸易协定》，http://www.international.gc.ca/trade-agreements-accords-commerciaux/agr-acc/us-eu.aspx?lang=eng.

④ 余劲松主编：《国际投资法》，法律出版社 1997 年版，第 396 页。

态度有所松动，加之1982年墨西哥爆发的债务偿还危机，这双重因素导致墨西哥放弃了长期坚持的卡尔沃主义，开始降低外资准入门槛、实行对外开放。因此，美国投资者开始源源不断进入墨西哥市场，美国和墨西哥之间的投资往来变得更加密切。

事实上，《美国—加拿大自由贸易协定》为北美自由贸易协议的诞生奠定了基础，有着不可或缺的直接联系，① 而墨西哥经济政策的改革也对北美自由贸易协定的谈判起到促成作用。在这种背景下，NAFTA顺势而生。

(二)NAFTA第十一章的诞生

1989年，加拿大、墨西哥、美国开始进行对话和谈判，意图建立一个三国之间的自由贸易区，降低关税、减少贸易壁垒，实现三个国家之间的自由贸易。经过14个月的谈判，美、加、墨三国于1992年正式签署了《北美自由贸易协定》。《北美自由贸易协定》为三国之间的国际贸易和投资设定了具体规则，是一个全面的、综合性的协定，共包括八个部分、二十二章，整体篇幅长达2000多页。主要内容如下:②

(1)商品的市场准入。确立了国民待遇原则，对于本国贸易主体的待遇和外国贸易主体的待遇一致，这无疑给外国主体进入另一国进行投资打了一剂强心针。同时在北美自由贸易区范围内，消除了上千种货物的跨境关税。在农业、汽车、纺织品和服装产品领域逐步降低关税。为NAFTA服务提供者和用户在广泛的领域提供重要权利。关于电信和金融服务的特殊承诺。

(2)保护外国投资，确立了国民待遇原则和最惠国待遇原则。各国都要推行这两个原则，并且为推行这两个原则扫清障碍，对违背这两个原则的规则等进行修订。第十二章"跨境服务贸易"等多个章节中均规定了国民待遇原则和最惠国待遇原则，承诺在北美贸易服务区内对另一协定国投资者的待遇不低于对本国投资者提供的待遇，承诺在北美贸易服务区内对另一协定国投资者的待遇不低于向任何一国投资者提供的待遇。

(3)对知识产权的保护。适当、有效地保护知识产权(包括专利、商标、版权、工业设计)，同时确保这些保护措施不会成为贸易发展的阻碍。

(4)原产地规则。北美自由贸易协定中的原产地规则用来确定货物是否有

---

① 史晓丽:《北美自由贸易区贸易救济法律制度研究》，法律出版社2012年版，第35页。

② 《北美自由贸易协定》，http://www.naftanow.org/agreement/default_en.asp.

资格获得优惠待遇、确保优惠只给予北美地区生产的商品。

（5）争端解决条款。北美自由贸易协定分别在第十一章、十九章和第二十章中对争端解决作出规定。其中第十九章规定了反倾销、反补贴措施的法律适用等相关问题和反倾销、反补贴争端的解决。第二十章适用于解决与协议有关的争议，即所有有关北美自由贸易协定的解释及适用所引发的争端。根据第二十章，当争议发生时，先由争议双方协定国进行磋商，若磋商不成，任一方可要求北美自由贸易委员会召开会议解决相关争议。若委员会仍不能解决争端，则一方可以要求组建由五名仲裁员组成的仲裁庭，对争议进行裁决。第十一章规定了投资争端解决的相关内容，用于解决北美自由贸易区范围内东道国和投资者之间的纠纷，其在结构上由 A、B、C 三节和附录构成，其中 A、B 节涵盖了本章的主要内容：A 节是关于投资者实体权利的规定，B 节是独具特色的投资者—国家争端解决机制（简称 ISDM）。当东道国违反投资保护义务，例如征收、歧视、非公正待遇等发生时，投资者可以此为理由提起仲裁。与第二十章不同的是，第十一章适用于解决投资东道国缔约国和另一缔约国投资者之间的争议，而第二十章适用于解决协定国和协定国之间的争议。

（三）NAFTA 第十一章的内容

经济全球化中贸易与投资二者之间相互依存，彼此影响日益加深，要获得经济全球化全面推进，国际投资流动中的既存障碍必须如同贸易壁垒一般予以彻底清除，因此，规范国际投资关系的内容成为自由贸易协定中最引人注目的重要组成部分。[1]

NAFTA 第十一章要实现以下几点：首先，在三个国家间消除贸易壁垒；其次，给予缔约国投资者国民待遇、最惠国待遇，为缔约国投资者提供一个安全的可靠的投资环境；最后，为缔约国和缔约国投资者提供一个有效的争端解决方式。第十一章中，既有实体性规范，规定外国投资者的权利义务，也有程序性规定，规定侵害另一协定国投资者利益之后的争端解决机制。当发生投资争议时，该如何解决争议，遵循什么程序规则解决争议。这些内容相辅相成，既有实体法，又有程序法，构成了独具特色的《北美自由贸易协定》，也是迄今为止影响最深远的区域性自由贸易协定。

1. 仲裁的发起

---

[1] 梁丹妮：《北美自由贸易协定投资争端仲裁机制研究》，法律出版社 2007 年版，第 18 页。

上文提到，NAFTA 第十一章 B 节是关于投资争端解决程序性规定，如果没有 B 节的程序性规定，那么 A 节实体性义务的实现将失去保障。根据第十一章 B 节，NAFTA 缔约方有义务同意按照其规定的程序，将其与来自其他协定国投资者间争端提交国际仲裁。① 来自其他协定国的投资者如果因为协定东道国违反协定义务的行为而受到损失，可以自己的名义向协定国提起赔偿请求，② 也可以代表自己直接或间接所有或控制的企业提出赔偿请求。③ 根据协定第 1119 条，索赔请求必须在投资者或企业知道或应当知道东道国违反 NAFTA 的行为以及因此遭受损失之日起 3 年内提出，而在将争端提交仲裁前最少 90 天内，投资者必须通知东道国。④

2. 适用的仲裁规则

根据 NAFTA 第 1120 条，争端双方可以选择的仲裁规则有三个：一是 1965 年《华盛顿公约》中的仲裁规则，二是 1978 年中心制定的附加便利规则，三是 1976 年《联合国国际贸易法委员会仲裁规则》。当东道国和投资者母国均是 ICSID 缔约国时，可以选择适用《华盛顿公约》；当东道国和投资者母国有且仅有一方是 ICSID 缔约国时，可以选择适用 ICSID 的附加便利规则；争端方也可以根据意思自治选择适用《联合国国际贸易法委员会仲裁规则》作为仲裁规则。⑤

这里值得注意的是，墨西哥并不是《华盛顿公约》的签署方，而且加拿大也是在 2013 年 10 月 1 日才批准加入公约，因此 NAFTA 下的投资仲裁，最常用的是《UNCITRAL 仲裁规则》，其次是《ICSID 附加便利规则》。

3. 仲裁庭的组成

投资仲裁的仲裁庭由三名仲裁员组成，争端双方各选任一名，而首席仲裁员由双方共同指定。⑥ 如果在提起仲裁起 90 天内仲裁庭还没有组成，经争端一方请求，ICSID 秘书长将指定全部仲裁员或者未指定的部分仲裁员。⑦ 如果争端当事方对首席仲裁员的选任无法达成一致意见，经一方请求，ICSID 秘书

---

① See North American Free Trade Agreement, Dec. 17, 1992, Can.-Mex.-U.S., art. 1122.

② See NAFTA art. 1116.

③ See NAFTA art. 1117.

④ See NAFTA art. 1119.

⑤ See NAFTA art. 1120.

⑥ See NAFTA art. 1123.

⑦ See NAFTA art. 1124.

长将从 NAFTA 成员国共同商定的仲裁员名单中指定一名非争端所涉国家国民担任首席仲裁员。①

4. 争端中的其他缔约方和法庭之友

第十一章就条约的解释规定了 NAFTA 缔约方的地位。第一，被告缔约国需要在提出仲裁请求的 30 日内将投资方的诉求书面通知其他缔约方，并将所有答辩状副本通知其他缔约方。② 第二，案外缔约方还有权就协定的解释问题向仲裁庭提交书面意见。③ 不仅如此，作为投资争端当事一方的缔约国还有权就涉案措施是否属于附件 1 到附件 4 中的保留和例外情形，请求自由贸易委员会发表有约束力的意见和解释，此自由贸易委员会由所有缔约国代表组成。④

对于是否接受法庭之友的书面意见，协定并没有作出具体的规定。这也使得具体案件发生时，此类问题变得无据可循，而最终依赖于仲裁庭的自由裁量。这在很多起案件中都有体现，下文中会对此进行具体阐述。

二、NAFTA 关于增强投资仲裁透明度的案例

事实上，对于国际投资仲裁透明度的广泛讨论始于 NAFTA。20 世纪 90 年代，一些非政府组织开始要求参与到以 NAFTA 为法律基础的投资仲裁程序中，增强投资仲裁的透明度。这些投资仲裁案件通常和公共利益相关，和环境保护、保护公共健康相关。是否同意这些非政府组织参与到投资仲裁中，成为了仲裁庭重点要解决的问题，也在国际社会引起了广泛的争议。为此，NAFTA 第十一章下的投资仲裁透明度问题成为一个重要议题。⑤

(一) 接受法庭之友书面意见的第一案

Methanex 公司诉美国案是仲裁庭裁决其有权接受法庭之友书面意见的第一个国际投资仲裁案。此争议源于加利福尼亚州对于一种叫作 MTBE 的汽油添加剂的禁令。Methanex 公司是加拿大一个大型的甲醇生产公司，是全球甲醇生产和销售的主导公司也是世界上甲醇最大的供应商，而甲醇是生产 MTBE 的主要元素。禁令发布后，Methanex 公司以其违反 NAFTA 第 1110 条、第 1105

① See NAFTA art. 1124(4).

② See NAFTA art. 1127.

③ See NAFTA art. 1128.

④ See NAFTA art. 1132.

⑤ Nakagawa J. Transparency in international trade and investment dispute settlement. Routledge, 2013: 3.

条、第 1102 条为由，提请仲裁，仲裁适用《UNCITRAL 仲裁规则》。在仲裁过程中，国际可持续发展研究所(International Institute for Sustainable Development, IISD)、美化环境联合会(Communities for a Better Environment, CBE)和地球岛研究所(Earth Island Institute, 以下简称 EII)提出如下申请：(1)2000 年 8 月 26 日，IISD 提交了向仲裁庭提交法庭之友意见的申请，同年 9 月 6 日，美化环境联合会和地球岛研究所提交联合申请，要求作为法庭之友参与仲裁程序；(2)参加听审；(3)获得当事人提交的材料；(4)在听审过程中获得旁听身份。

1. 各方的观点

国际可持续发展协会的主张：该非政府组提出四点，其一，不同于大多数商事仲裁，Methanex 案涉及重大公共利益，该组织的参与可以帮助呈现和强调这些公共利益。其二，IISD 的参与有助于公众建立对于投资仲裁争端解决机制的信心。其三，监督 NAFTA 缔约方政府在投资争端仲裁中是否维护了正当的公共利益，并督促 NAFTA 仲裁庭在投资争端解决中更好地反映环境保护法律原则，有助于促进可持续发展。近年来，公众强烈指责 NAFTA 投资争端仲裁是"秘密、封闭、缺乏透明度单边的法律程序"，导致投资仲裁出现"正当性危机"而准许非政府组织以法庭之友身份参与仲裁，能够缓解 NAFTA 投资规则的"正当性危机"。其四，根据《UNCITRAL 仲裁规则》第 15(1)条，在不违反 UNCITRAL 仲裁规定的前提下，仲裁庭可以其认为适当的方式进行仲裁，行使这个权利的前提是要确保双方当事人在仲裁程序中的平等权利，不能因此而损害任一方的权利、造成显失公平。IISD 认为第 15(1)条赋予了仲裁庭足够的自由裁量权，来允许法庭之友参与仲裁，且 NAFTA 并没有明确禁止法庭之友提交书面意见。①

Methanex 公司的反对意见：作为仲裁的被索赔方，Methanex 公司认为根据《UNCITRAL 仲裁规则》第 25(4)条的规定，除非当事各方另有协议，开庭应采取不公开的方式，仲裁庭可以在任何证人作证时，命令其他证人退出。因此 Methanex 公司反对法庭之友参与仲裁。另外，根据 NAFTA，公约只在第 1128 条中规定缔约方有权就协定的解释问题提交书面意见，公约没有赋予非缔约第三方提交书面意见的权利。如果仲裁庭未经过其同意而允许法庭之友提交书面

---

① Final Submissions submitted by the International Institute for Sustainable Development(16 Oct. 2000). http：//www.iisd.org/investment/dispute/methanex.asp 16/8/9.

意见，将是一种越权行为。①

　　美国、加拿大的意见：美国在 2000 年 10 月 27 日对此问题进行了陈述，对法庭之友参与仲裁表示支持。理由有两点，一是本案适用的规则允许法庭之友的存在。根据《UNCITRAL 仲裁规则》第 15(1)条，在不违反 UNCITRAL 仲裁规定的前提下，仲裁庭可以其认为适当的方式进行仲裁，行使这个权利的前提是要确保双方当事人在仲裁程序中的平等权利，不能因此而损害任一方的权利、造成显失公平。同时，不管是 NAFTA 还是《UNCITRAL 仲裁规则》，均没有禁止法庭之友参与仲裁的条款。二是作为被告，美国认为该案不是商事仲裁案件，而是国家作为被告的投资仲裁案件，因此才觉得影响可能会延伸到争端双方以外的广泛领域，因此有必要允许法庭之友提交书面意见，其拥有的经验、知识和专家将有助于案件的裁决。② 加拿大和美国持相同意见，认为 NAFTA 投资仲裁程序如果更加开放和透明，与现行缺乏透明度的机制相比，将更有利于争端的解决。

　　墨西哥的意见：与美、加不同，墨西哥对法庭之友持反对意见，因为在墨西哥的法律传统中并不存在法庭之友制度。此外，墨西哥还认为仲裁庭应当禁止法庭之友获得比 NAFTA 非争端方在 NAFTA 第 1128 条下更广泛的权利。因此，墨西哥认为仲裁庭应当驳回三个非政府组织的申请。

　　2. 仲裁庭的裁决

　　仲裁庭在 2001 年 1 月对非政府组织的申请予以答复。③ 仲裁庭在答复中提到，无论是在《UNCITRAL 仲裁规则》中或是在 NAFTA 第十一章 B 部分中，都没有明确表达仲裁庭有接受法庭之友意见的权利，也没有明确否定这种权利。因此，仲裁庭认为，必须根据《UNCITRAL 仲裁规则》第 15(1)条来考虑第三方的请求。《UNCITRAL 仲裁规则》第 15(1)条赋予仲裁庭很广泛的自由裁量权，那么，需要解决的第一个问题就是这个裁量权的范围。仲裁庭作出进一步解释，只有在程序问题上，仲裁庭可以行使自由裁量权，仲裁庭认为，接受法

---

　　①　Methanex Background. http：//www. iisd. org/investment/dispute/methanex_background. asp 16/9/8.

　　②　Statement of Respondent United States of America Regarding Petitions for Amicus Curiae Status(27 Oct. 2016). http：//www. iisd. org/investment/dispute/methanex_background. asp 16/3/12.

　　③　Methanex Corporation v. United States of America, Decision of the Tribunal on Petitions from Third Persons to Intervene as "Amici Curiae", (15 January 2001). http：//www. state. gov/documents/organization/6039. pdf.

庭之友意见就是一个程序性问题,因为接受法庭之友意见不意味着赋予第三方实质性的权利,特别是在实现对争端当事方的程序公平与公正待遇方面,广泛的自由裁量权不意味着仲裁庭可以赋予第三方实质性的权利。仲裁庭进一步认为,接受法庭之友意见不等同于在程序中增加新的当事方,也不意味着赋予第三方实质性的权利,仲裁的法律性质不因第三方的参与而发生任何改变。之后,仲裁庭引用 WTO 上诉机构接受法庭之友意见的实践并提到,在这个仲裁案件中毫无疑问涉及公共利益。因此,仲裁庭最终决定其有权接受法庭之友提交的书面意见。

另外,这些非政府组织的其他申请全部被拒绝。首先,仲裁庭认为其没有权利允许第三方参加口头听审,因为根据《UNCITRAL 仲裁规则》第 25(4)条①,开庭是不公开的,除非双方当事人同意,而在这个案件中,第三方并没有获得这种同意。其次,对于第三方获取当事方提交的相关材料的请求,仲裁庭拒绝的理由是,争端双方在仲裁程序开始时签订了保密协议。

(二)接受法庭之友书面意见的第二案

美国联合包裹服务公司诉加拿大案是继 Methanex 案之后,又一起涉及法庭之友的案件。此案件的申请人是美国联合包裹服务公司(以下简称 UPS)是美国的一家包裹递送服务商,其向加拿大提出索赔请求,仲裁依《UNCITRAL 仲裁规则》进行。UPS 申诉称,加拿大邮政利用垄断优势,不公平地降低其电信服务成本。UPS 认为加拿大这种行为已经:其一,违反了《北美自由贸易协定》第 1502(3)(a)条和第 1503(2)条所规定的义务;其二,违反了 NAFTA 第 1102 条国民待遇原则;其三,违反了 NAFTA 第 1105 条的最低待遇标准。②

加拿大邮政工人联盟(Canadian Union of Postal Workers)和加拿大人联合会(Council of Canadians)向仲裁庭提出如下申请:第一,作为当事方参与到仲裁中来;第二,如果不能成为当事方,则请求仲裁庭赋予法庭之友身份;第三,尽可能多地公开相关文件,包括申请书、答辩书、证人的陈述和专家报告,包括向仲裁庭提交的申请和议案;第四,针对仲裁地点提交相关申请的权利;第五,针对仲裁庭管辖权提交相关申请的权利;第六,将来获知更多此案信息后,修改此份申请书机会。

---

① 根据《UNCITRAL 仲裁规则》第 24 条第 4 款,除非争端方同意,庭审过程不公开。

② United Parcel Service of America v. Government of Canada. http://www.state.gov/s/l/c3749.htm.

1. 各方的观点

邮政工人联盟和加拿大人联合会的观点：这两个组织认为，其一，此仲裁案件涉及它们的直接利益，仲裁庭的裁决可能会对它们产生不利影响，一旦它们的申请被仲裁庭拒绝，则会违背公平、公正和基本正义的国际法原则。其二，此仲裁案涉及广泛的公共利益，仲裁结果不仅仅影响邮政服务业，也会对其他公共服务领域产生影响。虽然适用的是《UNCITRAL 仲裁规则》，但此争端不是私人间的争端，其中一方是主权国家，因此仲裁结果的影响会更加广泛和深远。其三，它们的参与将提供给仲裁庭看待问题的不同视角，有利于案件公平公正解决。① 其四，它们还提出，允许它们参与到仲裁中来可以促进以合适的法律原则和法律规则对仲裁的司法监督。长久以来，投资仲裁缺乏透明度而引发正当性危机，这一现状需要改变。而允许法庭之友提交书面意见、准许参加庭审等，则是增强透明度的第一步。其五，由于本案涉及它们的相关利益，因此它们会提供给仲裁庭不同的视角和更专业的意见，这些意见可以协助仲裁庭作出正确的裁决。其六，根据《UNCITRAL 仲裁规则》第15(1)条，在不违反《UNCITRAL 仲裁规则》的前提下，仲裁庭可以其认为适当的方式进行仲裁，行使这个权利的前提是要确保双方当事人在仲裁程序中的平等权利，不能因此而损害任一方的权利，造成显失公平。在行使这个自由裁量权的时候，仲裁庭需要考虑国际法上可适用的规则，包括人权和劳工权公约等有助于促进人类平等和公平待遇的法律。② 两个组织同时指出，Methanex 案为接受法庭之友的书面意见提供先例。③

UPS 的观点：仲裁庭没有权利赋予陌生第三方当事方的地位；在适当的情况下，仲裁庭可以赋予第三方法庭之友的地位；在本案中，考虑到申请人提交的资料，本次不应赋予申请人法庭之友的地位，一旦申请人提交了合适的材料，仲裁庭还是可以考虑赋予其法庭之友地位。需要注意的是，UPS 认为，即使赋予了法庭之友地位，第三方也只能提交不超过十页的书面材料。而且赋予了法庭之友地位不意味着允许其参加庭审，也不意味着允许其获得书面材料。因此，UPS 请求仲裁庭，驳回这两个组织成为仲裁当事方的请求，驳回

---

① Decision of the Tribunal on Petitions for Intervention and Participation as Amici Curiae. http：//www. state. gov/s/l/c3749. htm.

② Decision of the Tribunal on Petitions for Intervention and Participation as Amici Curiae. http：//www. state. gov/s/l/c3749. htm.

③ Decision of the Tribunal on Petitions for Intervention and Participation as Amici Curiae. http：//www. state. gov/s/l/c3749. htm.

这两个组织本次成为法庭之友的请求，如果之后它们能提交合适的材料，仲裁庭还是可以根据《UNCITRAL 仲裁规则》第 15(1) 条行使自由裁量权，赋予其法庭之友地位。①

加拿大的观点：加拿大的观点和 UPS 大体一致，加拿大进一步指出，在行使自由裁量权的时候，仲裁庭需要考虑以下因素，仲裁中是否涉及公众利益；仲裁结果是否会对申请者的利益造成十足的影响；申请者提交的材料要能帮助解决与仲裁有关的事实和法律问题，并且提交的材料要能带来和争端双方不同的视角；申请者提交的书面材料不会对任一争端当事方带来偏见和不公。加拿大进一步提出，在管辖权问题、仲裁地问题和程序性问题上，仲裁庭是没有理由也没有权利接受申请者的书面意见的。总之，加拿大认为，仅在合适的情况下，仲裁庭可以接受法庭之友的书面意见，但对管辖权、仲裁地程序性问题的书面意见，仲裁庭也必须拒绝。②

美国认为，NAFTA 第十一章并没有授权给仲裁庭增加当事方的权利，但是，根据《UNCITRAL 仲裁规则》，仲裁庭有接受法庭之友书面意见的权利。③

墨西哥虽然不是争端当事方，但作为协约国发表了观点，认为接受法庭之友书面意见也超出了 NAFTA 第 15(1) 条的自由裁量权。因为一旦接受了法庭之友提交的书面意见，就相当于强迫仲裁双方去回复、去辩论法庭之友的观点。因此，给予第三方一个看似小小的程序上的权利可能会产生实质法律问题。并且墨西哥在法律传统上就不承认法庭之友的，至少在以墨西哥为争端一方的案件中，墨西哥是不接受法庭之友的。

2. 仲裁庭的裁决

仲裁庭在 2001 年 10 月 17 日就两个组织的申请作出裁决：

对于增加当事方的请求，仲裁庭反对并认为，无论是 NAFTA 第十一章还是《UNCITRAL 仲裁规则》，都没有赋予仲裁庭在任何情况下增加当事方的权利。根据 NAFTA 第 1122 条，仲裁的发起要争端双方同意按照 NAFTA 第十一章规定的程序进行仲裁。具体到这个案件，UPS 和加拿大只同意就既定的事项进行仲裁，并且只同意彼此成为仲裁对手，因此，仲裁庭拒绝了增加当事方

---

① Decision of the Tribunal on Petitions for Intervention and Participation as Amici Curiae. http：//www. state. gov/s/l/c3749. htm.

② Decision of the Tribunal on Petitions for Intervention and Participation as Amici Curiae. http：//www. state. gov/s/l/c3749. htm.

③ Decision of the Tribunal on Petitions for Intervention and Participation as Amici Curiae. http：//www. state. gov/s/l/c3749. htm.

的请求。①

对于接受法庭之友书面意见的请求，仲裁庭同意并认为，这是在《UNCITRAL 仲裁规则》第 15(1) 条赋予的自由裁量权范围内。就像 Methanex 案中提到的，接受第三方的书面意见不意味着赋予其当事方的地位，第三方不会因此获得当事方的权利。同时，其权利和非争端缔约国的权利也不同。接受法庭之友书面意见是仲裁庭的权利，而不是法庭之友的权利，仲裁双方的权利不会因此而改变，仲裁的法律性质也不会因此而改变。

对于参加庭审的请求，仲裁庭驳回并认为，根据《UNCITRAL 仲裁规则》第 25(4) 条，庭审过程是秘密进行(on camera)的，除非当事人同意，而在这个案子中，申请人没有获得当事方的同意。也就是说，在没有获得仲裁双方同意的情况下，任何第三方或他们的代表都无法参加仲裁开庭。

对于公开相关文件的申请，仲裁庭驳回并认为，根据 NAFTA 第十一章和《UNCITRAL 仲裁规则》，答辩状、证据等材料只向仲裁双方当事人、仲裁庭和其他缔约国公开，其他第三方无权获得。

总而言之，仲裁庭裁决认为，其有权接受法庭之友的书面意见，申请方的其他请求均被仲裁庭驳回。

(三)FTA 发布的关于第三方参与的声明

2003 年 10 月 7 日，在 Methanex 案进行过程中，NAFTA 的自由贸易委员会(Free Trade Commission，以下简称 FTC)发布了关于 NAFTA 第十一章的一系列声明，其中有一个声明围绕第三方参与，由美国、加拿大发布。② 其在声明中明确承认第三方可以提交书面意见，仲裁庭可以自行决定是否接受法庭之友意见，但不能影响成员国在 NAFTA 第 1128 条下的权利。考虑到接受非争端方的书面意见可能会影响 NAFTA 第十一章的运作，为仲裁庭接受这种书面意见制定出标准③：FTC 在声明中明确，仲裁庭有接受法庭之友书面意见的自由裁量权，但这种权利不是无限大的，NAFTA 为其接受法庭之友书面意见设定了

① Decision of the Tribunal on Petitions for Intervention and Participation as Amici Curiae. http：//www. state. gov/s/l/c3749. htm.

② Statement of the Free Trade Commission on non-disputing party participation. http：//www. state. gov/documents/organization/38791. pdf.

③ FTC 在声明中明确，仲裁庭有接受法庭之友书面意见的自由裁量权，但这种权利不是无限大的，NAFTA 为其接受法庭之友书面意见设定了标准。除了一些格式上的标准外，还要申请人在申请中披露其与争议双方有没有直接或间接的附属关系等。

标准。除了一些格式上的标准外，还要申请人在申请中披露其与争议双方有没有直接或间接的附属关系等。

对申请书的形式要求。第三方首先应向仲裁庭提交书面申请，这份申请必须是书面的，由提交人签字，并包括申请人的地址和具体联络方式；申请书篇幅不超过五页；标明申请人的相关成员方和法律地位（公司，贸易协会或是其他的非政府组织）；披露申请人和仲裁双方是否有直接或间接的附属关系；要表明是否有政府、个人或组织为这份书面意见提供了经济上的或其他方面的援助；说明其在案件中涉及的利益；说明仲裁庭要接受这份书面意见的原因；要使用本仲裁使用的语言。对书面意见的要求。必须简洁，包括附录不超过二十页；准确地说明支持其地位的主张；该意见必须在仲裁所涉及范围内。

在决定要不要接受法庭之友的书面陈述时，仲裁庭应该考虑以下因素，第一，非争端方提交的书面意见可以带来和争端方不同的视角、知识、与仲裁相关的事实和法律问题，只要这些信息能帮助仲裁庭作出公正的裁决；第二，非争端方是在仲裁事项范围内进行书面陈述；第三，此争端涉及非争端方的重大利益；第四，仲裁事项涉及有关公共利益的事项。仲裁庭要确保非争端方提交的书面意见没有扰乱程序，也没有给争端方带来负担和不公。

声明发布后，关于仲裁庭是否有权接受法庭之友书面意见的问题就不再具有争议性。双方也在声明中表示，将公开庭审过程作为积极寻求的目标，这无疑是一种进步。然而有学者认为，这只是 NAFTA 在增加争端解决程序透明度方面迈出的一小步。首先，以上标准的措辞具有模糊性，缺乏判断标准，比方说，什么样的意见会给当事方带来不当的负担？这些问题只能由仲裁庭在个案中自由裁量。而且，投资仲裁具有临时性、没有遵循先例的制度，标准不明确会造成前后裁决不一致的情况出现，继而引发投资仲裁的正当性危机。[①]

（四）FTA 声明发布后的仲裁实践

Glamis 诉美国案，这个纠纷涉及申请人 Glamis 在加州沙漠的一个矿业项目。Glamis 申请称，美国联邦政府和加州州政府的监管措施构成了征收，并且违反了公平公正待遇义务。加州的立法和法规要求，在完成金属开采活动后，应将洞口回填并修复。申请人认为这些立法和法规侵犯了其投资权益。而美国作为被申请人，申辩称这项法规的目的是使被开采的土地回到一个可用的状

---

① 梁丹妮：《北美自由贸易协定投资争端仲裁机制研究》，法律出版社 2007 年版，第 18 页。

态，确保不会对公众的健康和安全造成威胁，并且，这项法规的实施有利于保护印第安人的圣地。其他案件中，Quechan Indian Nation 和加拿大地球之友（Friends of the Earth Canada）、美国地球之友（Friends of the Earth United States）联合提交了法庭之友书面意见，国家矿物协会（National Mining Association）和Sierra 协会也联合提交了法庭之友意见。根据 2003 年 FTC 的声明，仲裁庭接受了这些法庭之友的书面意见。由于此案发生在 FTC 的 2003 年声明之后，仲裁庭接受法庭之友书面意见的权利已经变得毫无疑问。

第二节　ICSID 关于增强投资仲裁透明度的实践

NAFTA 第十一章规定的国际投资仲裁第三方参与的进程，也推动了其他机构采取措施，增强透明度。本节将通过对 ICSID 关键案件的梳理，理清ICSID 从反对第三方参与，到修改《ICSID 仲裁规则》来增强透明度的一个过程。

一、ICSID 争端解决机制概述

《华盛顿公约》于 1966 年 10 月 14 日正式生效，生效之时有 20 个国家批准加入。到 2020 年 6 月，已经有来自世界不同地区的 163 个国家签署了公约，其中 154 个国家正式批准加入公约。① 我国也于 1993 年 2 月 6 日正式批准加入公约。根据《华盛顿公约》，当缔约国与其他缔约国投资者发生投资争议时，公约中包含了调解规则和仲裁规则，可以供当事人选择适用，以方便争端双方进行调解和仲裁。图 1 展示了从 1972 年到 2019 年 ICSID 接收的案件数量，从图中数据可以看出，1997 年以前，每年接收的案件数量都在个位数，1997 年以后，每年接收的案件开始超过 2 位数并且大体上保持逐年上升的趋势。截至2020 年 6 月，ICSID 共受理 781 个案件，其中仲裁案件多达 769 个，增长速度之快可见一斑。

（一）ICSID 的运行

根据《华盛顿公约》对其宗旨的描述，当缔约国与其他缔约国投资者发生投资争议时，公约中包含了调解规则和仲裁规则，可以供当事人选择适用，以方便争端双方进行调解和仲裁。通过建立这样一种争端解决机制，为投资者提

---

① 　ICSID Database of Member States. http：//icsid. worldbank. org/apps/ICSIDWEB/about/Pages/Database-of-Member-States. aspx？ tab＝AtoE&rdo＝CSO.

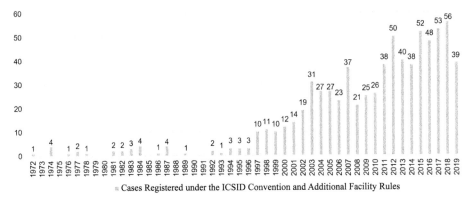

图 1 1972 年到 2019 年 ICSID 接收的案件数量

供一个安全的可信赖的投资环境，和可以保护外资、促进资本流动、促进全球资源的合理配置。还是国际上唯一一个专门解决直接投资争议的国际仲裁机构。当投资者和东道国发生争议时，投资者不必寻求东道国国内救济，而是可以直接达成协议，发起投资仲裁。当争端双方将争议提交给中心后，中心即根据当事人的任命成立调解委员会，调解不成的，当事人根据公约任命仲裁员组成仲裁庭，对存在争议的直接投资事项进行仲裁。

（二）ICSID 争端解决机制主要内容

本部分重点关注的是公约关于管辖权的规定、仲裁程序的规定和仲裁适用的法律。

一是对 ICSID 管辖权的规定。根据《华盛顿公约》第二章的规定，对外国投资者与东道国政府间投资争端的仲裁案件，ICSID 享有管辖权必须同时符合如下条件：第一，从主体上看，争端双方须一方是缔约国，另一方是缔约国投资者。第二，争端双方有提交仲裁的书面同意。仅有东道国和投资者母国是缔约国这一个条件而没有争端双方的书面同意的话，中心还是不能具有管辖权。第三，双方提交 ICSID 仲裁的事由必须是因直接投资引起的法律争端。对于"投资"一词，公约没有进行界定，但是本着扩大中心管辖权的原则，在实践中均 ICSID 对"投资"作扩大解释。对于提交仲裁的书面同意，可以是双方的双边投资协定，可以是双方都参与的投资条约，也可以是投资者和东道国签订的合同、在合同中约定仲裁条款。根据 ICSID 在 2020 年 1 月公布的案例汇总数据(见图 2)①可知，在 ICSID 运作以来的所有案例中，在双边投资协定中表示接受 ICSID 管辖的书面同意的情况最多，占到所有案件总量的 60%；其次是在投资者与东道国签订的合同中同意将争议交给 ICSID 管辖，这种情况占到案件总数的 16.8%；在东道国投资法中同意将争议提交给 ICSID 管辖的也较多，占到案件总量的 9.6%；剩下的都是在多边投资条约中作出接受 ICSID 管辖的书面同意，其中《能源宪章条约》占案件总数的 9.2%，《北美自由贸易协定》占案件总数的 2.8%，《多米尼加共和国-美国-中美洲自由贸易协定》占案件总数的 0.8%，而《阿曼-美国自由贸易协定》《加拿大-秘鲁自由贸易协定》《中美洲-巴拿马自由贸易协定》则分别占到案件总数的 0.2%。2020 年 ICDID 官方网站公布的案件汇总数据如图 2 所示。

二是对仲裁程序的规定。《华盛顿公约》第四章是对仲裁程序的规定，具体是仲裁程序的启动、仲裁庭的组成、仲裁裁决的作出和仲裁裁决的承认与执行。发生争议后，仲裁的申请方要向中心提交书面请求书，请求中包含双方的争议事项、双方的具体情况等，中心认定其有管辖权后，会立刻组成仲裁庭，仲裁员由双方各任命一个，共同任命第三个，第三个担任首席仲裁员。仲裁员根据事实和法律作出裁决，仲裁裁决作出后对争端各方均具有约束力。

对于法律适用的规定。根据《华盛顿公约》第 42 条的规定，仲裁庭审理案件，依据当事人选定的法律。也就是说，ICSID 投资仲裁中法律的适用和商事仲裁一样，遵循意思自治的原则。当事人可以选择国际法也可以选择国内法解决争端。

二、ICSID 关于增强投资仲裁透明度的案例

NAFTA 关于投资仲裁透明度的实践和改革也推动了 ICSID 投资仲裁透明度的改革进程。下文将通过对案件的梳理，来了解 ICSID 投资仲裁中透明度逐步被接受的历程。从 ICSID 官方网站公布的相关数据可以看到，在目前 ICSID 受理的 769 件仲裁案件中，涉及非争端方参与的案件共 32 件。这些案

---

①　Basis of Consent Invoked to Establish ICSID Jurisdiction in Cases Registered under the ICSID Convention and Additional Facility Rules.　http：//icsid. worldbank. org/apps/ICSIDWEB/ resources/Documents/ICSID%20Web%20Stats%202016-2%20（English）%20Sept%2020%20-%20corrected. pdf.

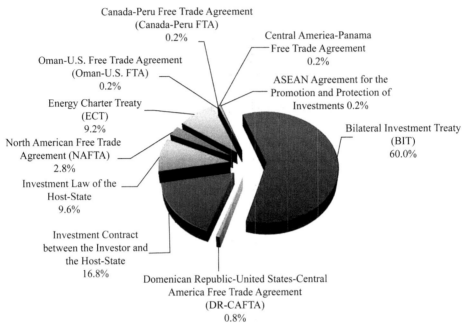

Canada-Peru Free Trade Agreement
(Canada-Peru FTA)
0.2%

Central Ameriea-Panama
Free Trade Agreement
0.2%

Oman-U.S. Free Trade Agreement
(Oman-U.S. FTA)
0.2%

ASEAN Agreement for the
Promotion and Protection of
Investments 0.2%

Energy Charter Treaty
(ECT)
9.2%

Bilateral Investment Treaty
(BIT)
60.0%

North American Free Trade
Agreement (NAFTA)
2.8%

Investment Law of the
Host-State
9.6%

Investment Contract
between the Investor and
the Host-State
16.8%

Domenican Republic-United States-Central
America Free Trade Agreement
(DR-CAFTA)
0.8%

图 2　ICSID 案例汇总数据

件的仲裁庭都对非争端方参与仲裁的申请作出了相应的决定，其中仅 10 个
案件对决定书进行公开，公开的决定书可以在 ICSID 的网站进行查询。在公
开了决定书的十个案件中，接受法庭之友书面意见的案件数量是 7 件，而拒
绝接受法庭之友书面意见的案件数量为 3 件。从已有数据来看，接受法庭之
友书面意见的案件数量占到 70%。下文将对这些案件中的典型案例进行分
析，总结出 ICSID 投资仲裁中透明度改革的脉络。ICSID 中涉及法庭之友的
案件汇总如表 10 所示。

表 10　　　　　　　　　　　　ICSID 中涉及法庭之友的案件

案件名称	作出决定时间（决定是否官网可见）	是否接受法庭之友书面意见
1	Aguas del Tunari, S. A. v. Bolivia（ARB/02/3）	2003 年 1 月（是）	拒绝

续表

	案件名称	作出决定时间(决定是否官网可见)	是否接受法庭之友书面意见
2	Suez, Sociedad General de Aguas de Barcelona S. A. and Interagua Servicios Integrales de Agua S. A. v. Argentine Republic (ARB/03/17)	2006 年 3 月 (是)	接受
3	Suez, Sociedad General de Aguas de Barcelona, S. A. and Vivendi Universal, S. A. v. Argentine Republic (ARB/03/19)	2005 年 5 月 (是)	接受
4	Ioan Micula, Viorel Micula and others v. Romania (ARB/05/20)	2009 年 5 月 (否)	结果不知
5	Biwater Gauff (Tanzania) Limited v. United Republic of Tanzania (ARB/05/22)	2007 年 2 月 (是)	接受
6	Piero Foresti, Laura de Carli and others v. Republic of South Africa (ARB(AF)/07/1)	2009 年 9 月 (是)	接受
7	Electrabel S. A. v. Hungary (ARB/07/19)	2009 年 4 月 (否)	结果不知
8	AES Summit Generation Limited and AES-Tisza Erömü Kft. v. Hungary (ARB/07/22)	2008 年 11 月 (否)	结果不知
9	Caratube International Oil Company LLP v. Republic of Kazakhstan (No. ARB/08/12)	2011 年 6 月 (否)	结果不知
10	Iberdrola Energia, S. A. v. Republic of Guatemala (ARB/09/5)	2014 年 2 月 (否)	结果不知
11	PacRim Cayman LLC v. Republic of El Salvador (ARB/09/12)	2011 年 3 月 (是)	接受
12	Philip Morris Brand Sàrl (Switzerland), Philip Morris Products S. A. (Switzerland) and Abal Hermanos S. A. (Uruguay) v. Oriental Republic of Uruguay (ARB/10/7)	2015 年 2 月 (是)	接受
13	Bernhard von Pezold and others v. Republic of Zimbabwe (ARB/10/15)	2012 年 6 月 (是)	拒绝
14	Border Timbers Ltd., Border Timbers International (Private) Limited, and Hangani Development Co. (Private) Limited v. Republic of Zimbabwe (ARB/10/25)	2012 年 6 月 (是)	拒绝

续表

	案件名称	作出决定时间(决定是否官网可见)	是否接受法庭之友书面意见
15	Apotex Holdings Inc. & Apotex Inc. v. United States of America (ARB(AF)12/1)	2013 年 3 月(是)	拒绝
16	Vattenfall AB and others v. Federal Republic of Germany (ARB/12/12)	2015 年 8 月(否)	结果不知
17	Marfin Investment Group Holdings S. A., Alexandros Bakatselos and others v. Republic of Cyprus (ARB/13/27)	2017 年 2 月(否)	结果不知
18	RREEF Infrastructure (G. P.) Limited and RREEF Pan-European Infrastructure Two Lux S. à. l. v. Kingdom of Spain (ARB/13/30)	2015 年 2 月(否)	结果不知
19	Antin Infraestructure Services Luxembourg S. à. r. l. and Antin Energia Termosolar B. V. v. Kingdom of Spain (ARB/13/31)	2014 年 12 月(否)	结果不知
20	Eiser Infrastructure Limited and Energía Solar Luxembourg S. à r. l. v. Kingdom of Spain (ARB/13/36)	2016 年 2 月(否)	结果不知
21	Masdar Solar & Wind Cooperatief U. A. v. Kingdom of Spain (ARB/14/1)	2015 年 2 月(否)	结果不知
22	Infinito Gold Ltd. v. Republic of Costa Rica (ARB/14/5)	2016 年 6 月(是)	接受
23	NextEra Energy Global Holdings B. V. and NextEra Energy Spain Holdings B. V. v. Kingdom of Spain (ARB/14/11)	2016 年 2 月(否)	结果不知
24	InfraRed Environmental Infrastructure GP Limited and others v. Kingdom of Spain (ARB/14/12)	2015 年 2 月(否)	结果不知
25	RENERGY S. à r. l. v. Kingdom of Spain (ARB/14/18)	2016 年 2 月(否)	结果不知

续表

	案件名称	作出决定时间(决定是否官网可见)	是否接受法庭之友书面意见
26	BayWa r. e. renewable energy GmbH and BayWa r. e. Asset Holding GmbH v. Kingdom of Spain（ARB/15/16）	2016 年 5 月（否）	结果不知
27	Mathias Kruck and others v. Kingdom of Spain（ARB/15/23）	2016 年 5 月（否）	结果不知
28	KS Invest GmbH and TLS Invest GmbH v. Kingdom of Spain（ARB/15/25）	2017 年 2 月（否）	结果不知
29	Cavalum SGPS, S. A. v. Kingdom of Spain（ARB/15/34）	2016 年 5 月（否）	结果不知
30	E. ON SE, E. ON Finanzanlagen GmbH and E. ON Iberia Holding GmbHv. Kingdom of Spain（ARB/15/35）	2017 年 2 月（否）	结果不知
31	SolEs Badajoz GmbH v. Kingdom of Spain（ARB/15/38）	2016 年 5 月（否）	结果不知
32	ESPF Beteiligungs GmbH, ESPF Nr. 2 Austria Beteiligungs GmbH, and InfraClass Energie 5 GmbH & Co. KG against Italy（ARB/16/5）	2017 年 2 月（否）	结果不知

（一）第一阶段：拒绝法庭之友书面意见

从表 10 可以看出，涉及非争端方参与的第一个案件是 SA 公司诉玻利维亚共和国案。① 在这个案件中，仲裁庭在 2003 年 2 月作出决定，拒绝法庭之友提交的书面意见。争端起源于玻利维亚共和国对水和污水处理服务的私有化，并与 SA 公司签订了特许协议。申请人开始这项投资项目后，很快遭到玻利维亚居民的严重反对和抗议。后来，因为一系列的原因，玻利维亚政府撤销了特许协议，申请人不得不最终放弃这个项目。SA 公司认为玻利维亚政府对特许协议的撤销违反《荷兰—玻利维亚双边投资协议》并提起仲裁，于 2002 年 7 月 5 日组成仲裁庭。仲裁庭组成后，在 2002 年 8 月，一些私人

---

① See Aguas del Tunari, S. A. v. Bolivia（ICSID Case No. ARB/02/3）.

和非政府环保组织联合提交了如下申请：（1）获得当事人的身份参与仲裁过程；（2）如果不能获得当事人身份，请求赋予其参加庭审的权利；（3）提交法庭之友书面意见；（4）向公众披露本案相关材料。然而，仲裁庭拒绝了第三方全部的请求。仲裁庭一致认为，这些请求超出了仲裁庭可以授权的自由裁量权的范围。

仲裁庭认为，在争端双方没有同意的情况下，它们没有权利允许第三方参加开庭过程或披露仲裁相关材料，这是显而易见的。因为根据《ICSID 仲裁规则》第 32 条，如果没有获得争议双方的同意，只有当事方及他们的代表、顾问、证人和仲裁庭的工作人员可以参加开庭。至于法庭之友提交书面意见的请求，在此案件中，仲裁庭认为在现阶段没有传唤证人的需要，也没有寻求第三方书面意见帮助的需要。因此仲裁庭以当前阶段没有必要接受法庭之友书面意见为由，拒绝了第三方的请求。

（二）第二阶段：接受法庭之友书面意见

在接下来的 Suez/Vivendi（ICSID Case No. ABR/03/19）和 Suez/InterAguas（ICSID Case No. ABR/03/17）中，仲裁庭均接受了法庭之友的书面意见。仲裁庭在这两个案件中均援引《华盛顿公约》第 44 条，认为其法庭之友提交的书面意见符合该公约第 44 条规定的条件，并且案件均涉及公共利益，因此有接受法庭之友意见的必要。

Suez/Vivendi 诉阿根廷案是仲裁庭承认其有权接受法庭之友书面意见的第一个案例，此纠纷和公共服务领域的水供应的私有化有关。① 阿根廷政府为了应对国内的经济危机，采取了一系列措施，申请人认为这些措施损害了他们的投资利益。此案中有五个非政府组织，向仲裁庭提出如下要求：（1）参加开庭过程；（2）提交法庭之友意见；（3）无限制地获得案件相关材料。2005 年 5 月 19 日，仲裁庭作出决定②，认为，《华盛顿公约》第 44 条③赋予其接受法庭之友书面意见的权利，而且认为，接受法庭之友的书面意见，可以取得增强投资

---

① See Suez, Sociedad General de Aguas de Barcelona, S. A. and Vivendi Universal, S. A. v. Argentine Republic（ICSID Case No. ARB/03/19）.

② Order in Response to a Petition for Transparency and Participation as Amicus Curiae. http：//icsid. worldbank. org/ICSID/FrontServlet？ requestType = CasesRH&actionVal = showDoc& docId = DC516_En&caseId = C19.

③ 根据《华盛顿公约》第 44 条规定，任何仲裁程序应依照本节规定，以及除双方另有协议外，依照双方同意提交仲裁之日有效的仲裁规则进行。如发生任何本节或仲裁规则或双方同意的任何规则未作规定的程序问题，则该问题应由法庭决定。

仲裁透明度的额外理想效果。公众对于国际仲裁合法性的接受程度，是通过增加公众参与来实现的。在适当的案例中，通过适当的公民社会的代表参与仲裁，可以增强公众对 ICSID 投资仲裁过程的了解。但仲裁庭也同时提到，接受法庭之友意见是有条件的，并设立了三个标准：第一是要考虑案件的主题是否适合接受法庭之友的书面意见；第二是要考虑第三方在此案件中提交书面意见的适当性；第三是要考虑法庭之友书面意见做出的程序。① 仲裁庭还强调，接受法庭之友书面意见仅仅是一个程序问题，不会影响当事方的实体权利。最终，仲裁庭接受了其中一个法庭之友的书面意见。对于第三方参加开庭的请求，仲裁庭予以拒绝，原因是根据《ICSID 仲裁规则》第 32(2) 条，第三方参加听证会要取得当事方的同意，但是本案中没有取得当事方的同意。同时，仲裁庭也拒绝了第三方获得案件相关材料的请求。

　　Suez/InterAguas 诉阿根廷案是仲裁庭接受法庭之友书面意见的第二个仲裁案。② 此案和上一案例的仲裁庭是由完全相同的仲裁员组成的，因此，此案在第三方参与问题上的解决思路与上述案件相一致。仲裁庭认为，本案涉及供水系统和污水处理系统，与公共利益有很大相关性，因此会涉及国际法甚至人权法的问题。对于第三方提交法庭之友书面意见的请求，仲裁庭认为，无论是在《华盛顿公约》还是在《ICSID 仲裁规则》中，都没有专门的条款授权或阻止仲裁庭接受法庭之友书面意见。而且，在 2005 年 5 月 19 日之前，并没有过仲裁庭赋予第三方法庭之友地位并接受书面意见的实践。那么，仲裁庭有权接受和考虑法庭之友书面意见吗？如果有权，仲裁庭又该如何行使这个权利？仲裁庭指出，《华盛顿公约》第 44 条赋予其对未作规定的程序问题进行决定的权利，那么接受法庭之友意见是否属于"程序问题"的范畴？答案是肯定的。至于接受法庭之友书面意见的标准，本案还是采上一案中的"三标准"方法。仲裁庭认为，在本案中，第三方提供的书面意见从内容上看，信息不够充足，理由不够充分。因此，仲裁庭拒绝了法庭之友的书面意见。仲裁庭称，当第三方可以提供令人信服的信息和理由时，他们的书面意见还可以被接受。本案中，参加开庭和获得相关案件材料的请求也均以上述案件相同的理由被仲裁庭拒绝。

(三)《ICSID 仲裁规则》的修改

　　2006 年，面对国际上增强投资仲裁透明度的呼声，ICSID 对其仲裁规则进

---

　　①　See Ucheora Onwuamaegbu, Introductory Note, ICSID Review—Foreign Investment Law Journal, pp. 447-448.

　　②　ICSID Case No. ARB/03/17.

行了修改。修改的主要内容是《ICSID 仲裁规则》的第 37 条和第 32 条。

修改前的第 37 条标题是"勘察与调查"，只规定了勘察与调查的相关问题。修改后的第 37 条的标题是"勘察与调查：非争端方提交的书面文件"，除了保留原有规定不变，又增加了以下内容："在与争端双方协商后，仲裁庭可以接受非争端方提供的在争端事项范围内的法庭之友意见。"在明确仲裁庭有权接受法庭之友书面意见的同时，进一步明确了接受标准：当第三方可以带来一些和当事方不同的视角，而这些视角可以协助仲裁庭决定一些事实问题和法律问题时；当第三方可以在争议范围内提出新问题时；当第三方在此仲裁中有重大利益时。增加的这部分内容，使得仲裁庭接受法庭之友书面意见的权利在《ICSID 仲裁规则》中有了依据，在这之前，关于仲裁庭是否有权接受法庭之友意见，是根据《华盛顿公约》第 44 条推定的。显而易见，修改后的 ICSID 使得仲裁庭的自由裁量权有了更明确具体的依据。

另外，修改前的第 32 条标题是"口头辩论"，规定仲裁庭取得争端双方同意后，可以允许争端双方、证人、仲裁工作人员以外的其他人参与庭审过程。修改后的第 32 条规定，ICSID 仲裁庭可以允许第三方参加庭审，除非争端双方明确反对。与修改前的第 32 条相比，大大增加了第三方参加庭审的可能性，可以说是投资仲裁向公众开放的一个重大突破。这次修改着重在三方面增强 ICSID 仲裁程序的透明度：其一，在裁决书的披露上，将 ICSID 秘书处"可以"（may）公布裁决书中涉及法律推理的摘要改为"应该"（shall）且"立即"（promptly）公布裁决书中法律推理部分的摘要，使得 ICSID 在公布裁决书的法律推理摘要方面承担起立即公布的义务。其二，在口头辩论阶段，将允许第三方参与应"经过双方当事人同意"改为"除非一方当事人反对，否则，经过与 ICSID 秘书长协商"，仲裁庭即可允许第三人参加审理。其三，新增有关确认 ICSID 仲裁庭拥有接受第三方提交法庭之友书面意见的自由裁量权及接受书面意见的条件和程序，具体内容为：经过与双方当事人协商，仲裁庭即可准许法庭之友就争端范围内的事项提交书面意见。在决定是否准许第三方提交书面意见的时候，仲裁庭应该考虑的问题包括但不限于：可以引入新的视角，尤其是引入和争端当事方不同的知识或见解，法庭之友提交的书面意见将有助于仲裁庭确定与仲裁程序有关的事实或法律问题；非争端方提交的书面意见针对的是争端范围内的问题；非争端方在此仲裁涉及重要利益。仲裁庭应确保法庭之友书面意见不至于干扰仲裁或不适当地增加任何一方当事人的负担或不适当地损害任何一方当事人，确保双方当事人就非争端方提交的书面意见有机会发表看法。

（四）《ICSID 仲裁规则》修改后的实践

Gauff 诉坦桑尼亚案发生在《ICSID 仲裁规则》修改后。① 争议起源于坦桑尼亚政府和申请人之间供水服务合同的取消，2006 年 3 月，5 个非政府组织申请要求作为第三方参与到仲裁中，2007 年，仲裁庭针对此申请发布了"5 号决定"。毫无疑问的是，在决定中，仲裁庭接受了法庭之友书面意见，强调接受书面意见不意味着赋予第三方任何权利、地位和特权。对于获得案件相关材料，申请人指出，将仲裁材料发布给公众已经是一种很普遍的做法，只要对商业机密信息节进行编辑即可，建议仲裁庭也采取这种做法。仲裁庭再一次拒绝，不过在这个案件中，仲裁庭给出了更具体的理由。其一，仲裁庭担心申请人会将自己定位为争议双方律师的角色，偏向一方利益；其二，仲裁庭担心申请人将自己定位为有权决定当事人提交的事实和法律事项的角色，事实上这个权利是当事人单独授权给仲裁庭的。② 仲裁庭还将仲裁材料定义为六种：仲裁裁决、仲裁决定、仲裁庭的命令和指示、庭审的会议记录、答辩状或书面记录、当事人之间往来的材料。仲裁庭指出，其拒绝申请人获得的是后四种材料。③ 对于参加开庭的请求，仲裁庭认为，根据新的《ICSID 仲裁规则》，其有权决定向第三方公开口头审理，但此案中，因仲裁申请人明确拒绝该请求，仲裁庭决定不公开审理。

Gold 诉哥斯达黎加共和国案。④ 此案发生在 2014 年，同年 9 月 15 日，非政府组织 Asociación Preservacionista de Flora y Fauna Silvestre（以下简称 APREFLOFAS）依据《ICSID 仲裁规则》第 27 条，向仲裁庭提出申请，要求作为非争端方参与到投资仲裁中，请求包括提交书面意见、获得案件基本材料、参加开庭过程。2016 年 6 月，仲裁庭就此申请作出决定：其一，申请人可以获得仲裁当事双方的部分材料，但这些材料仅可被用来准备书面意见，不能散布给其他方，也不能挪作他用；其二，包括脚注在内，APREFLOFAS 提交的书面意见不得超过一万字；其三，参加庭审过程的申请被驳回，因为仲裁申请人

---

①　See Biwater Gauff（Tanzania）Limited v. United Republic of Tanzania（ICSID Case No. ARB/05/22）.

②　ICSID Case No. ARB/05/22 Procedural Order Number 5，Para 64.

③　Marceau G，Stilwell M. Practical suggestions for amicus curiae briefs before WTO adjudicating bodies. Journal of International Economic Law，2001，4（1）：158.

④　See Infinito Gold Ltd. v. Republic of Costa Rica（ICSID Case No. ARB/14/5）.

明确拒绝。① 通过 Biwater Gauff v United Republic of Tanzania 案和 Infinito Gold Ltd. v. Republic of Costa Rica 案，我们可以看出，《ICSID 仲裁规则》修改后，实践中对三方参与的接受度有很大提升，相关争议也大大减少。

第三节　几个国家和其他仲裁机构对透明度的态度

由于国家的发展程度不同、投资争端解决方面的实践经历差异较大，因此不同的国家对透明度持不同的态度，特别是发展中国家和发达国家的态度方面有很大差别。通常说来，发达国家法律理念先进，其关于增强透明度的实践走在国际前列，对透明度持支持和肯定的态度。相反，发展中国家处在法制的发展进程中，在透明度的问题上倾向于保守的态度。贸法会在制定透明度规则之时，曾就透明度问题在国家间和国际组织间进行调查。② 下文将对其分析如下：

一、几个国家对透明度的态度

通常说来，发达国家比发展中国家更能接受透明度原则，发达国家在国际投资条约和双边投资协定中的透明度程度也往往更高。发达国家和发展中国家之所以会对投资仲裁透明度持不同的意见，一是因为它们对投资仲裁的接受程度不同，发达国家更倾向于通过投资仲裁这种方式来解决投资争端，因此对投资仲裁透明度改革更容易接受；二是因为随着经济的发展，发达国家积累了更多的投资仲裁实践，其相对更了解投资仲裁的制度缺陷，因此更加支持透明度改革；三是因为发达国家与发展中国家在投资仲裁往往处于不同的地位，通常来说，发达国家更多地作为资本输出国，而发展中国家更多地作为资本输入国，其地位的不同注定了它们在投资仲裁中的不同立场和选择。

（一）欧盟与加拿大

2016 年 10 月 31 日，欧盟与加拿大正式签署了《全面经济贸易协议》（以下

---

① PROCEDURAL ORDER No. 2. http：//icsidfiles. worldbank. org/icsid/ICSIDBLOBS/OnlineAwards/c3384/dc8372_en. pdf.

② 参见《解决商事争议：投资人与国家之间以条约为基础的仲裁的透明度——各国政府的评议汇编——秘书处的说明》，http：//daccess-dds-ny. un. org/doc/UNDOC/LTD/V10/555/82/PDF/V1055582. pdf？Open Element.

简称 CETA)。CETA 是欧盟和加拿大经过长达六年的谈判和努力达成的。根据CETA，欧盟和加拿大间 98% 的进口关税将会被取消，并且服务和投资的市场准入机会大大增加。协议内容涉及政府采购、投资保护、知识产权、卫生与动植物检疫措施、地理标志、可持续发展、监管合作、互相认可、贸易便利、原材料合作、争端解决和贸易技术壁垒等。

CETA 中的国家—投资者间争端解决机制也是对以往投资争端解决机制的重大突破，以图为争端双方提供一个更公正、更透明的争端解决方式，在为投资者提供更高级别保护的同时，保护国家主权和政府制定规则的权力，特别是在保护公众健康、公共安全和环境保护等涉及公共政策的领域，确保争端能有效解决，并提供程序保障其中详细约定了投资仲裁透明度，CETA 是最早适用《UNCITRAL 透明度规则》的自由贸易协定之一。其透明度内容包括在联合国网站上公开所有的文件，包括当事人提交的文件、仲裁庭的决定等；开放所有的审理程序；非政府环保组织等相关利益方可以提交法庭之友意见。① 以上增强透明度的措施是硬性规定，即便争端双方也无权否定。② 而在以往的国际投资仲裁实践中，第三方要求获得当事方提交的材料或者参加庭审过程的请求，通常是被拒绝的。由此可见，欧盟和加拿大都对投资仲裁透明度改革持支持的态度。

(二)美国

美国是最早倡导透明度改革的国家。无论是在北美自由贸易区的实践中，ICSID 的实践中，还是在美国 BIT 范本中，都能找到美国支持透明度改革的论据。

在北美自由贸易区的争端解决实践中，美国愿意公开其提交的所有文件，只要这些文件经过保密信息处理，所谓的保密信息除了商业机密外，还有当事方和仲裁规则规定不能对外公布的信息；美国支持仲裁庭审过程的公开，允许第三方旁听案件的审理；在美国作为仲裁当事方的案件中，美国赞同仲裁庭接受法庭之友提交的书面意见；美国也赞同将仲裁裁决进行公布。

美国《双边投资条约范本》(2004 年版)共 37 条，而在这有限的 37 条中，有专门一条(第 29 条)规定仲裁过程的透明度。仲裁当事方及时向非缔约方公

---

① 　See Article 8. 36 of CETA.

② 　Investment provisions in the EU-Canada free trade agreement. http：//trade. ec. europa. eu/doclib/docs/2013/november/tradoc_151918. pdf.

开仲裁意向书、仲裁申请书、备忘录、仲裁中的决定和裁决等文件；支持仲裁庭审过程的公开。

2012 年美国《双边投资协定范本》第 29 条仲裁程序的透明度规定："一、根据第二款至第四款，被申请人在接收到下列文书后，应迅速地将他们转达给非争议方，并向公众公布：（一）意向的通知；（二）仲裁通知；（三）争议方向仲裁庭提交的请求、记录、陈述，依据第二十八条第二款[非争议方提交材料]和第三款[法庭之友]，第三十三条[合并仲裁]规定的其他书面提交的材料；（四）那些可获得的仲裁中的聆讯的记录和备忘录；（五）仲裁庭的命令、裁决和决定。二、仲裁庭应举行公开听证，并在询问争议方的意见后决定合适的后勤安排。然而，争议任何一方如果将在听证中使用受保护信息时，应通知仲裁庭。仲裁庭应采取适当措施以保护该信息不被泄露。三、本节不要求被申请人公开根据第十八条[实质安全]和第十九条[信息披露条款]规定的受保护信息或提供准许得到其秘密的途径。四、向仲裁庭提交的任何保密信息都将根据以下的程序得到保护防止泄露：（一）根据（四）项，争议各方和仲裁庭都不得将争议方根据第(二)项明确标明的保密信息泄露给公众或非争议方；（二）任一争议方声明所提交的信息包括保密性信息的，应当在提交时清楚地标示；(三)根据第一款，提交包含保密性信息文件的一方应当在提交时同时提交一份修订过的不包含保密信息的文件。只有经过修订的版本才可根据第一款为非争议方或公众知晓；并且(四)仲裁庭应当对一项关于对声明保密性信息的异议是否成立做出决定。如果仲裁庭认为此信息没有适当地进行标明，争议方应当在提交的材料中：（1）撤回部分或全部包含这类信息的材料；（2）或同意重新提交完整的、重新制作的并依据第(三)项和仲裁庭的决定正确标示的材料。在任一种情况下，争议的另一方应当在必要的时候重新提交完整的和修订过的文件，在该文件中或删除第一次提交信息的一方根据(1)撤回的信息，或重新标示与(2)所要求的标示相一致的信息。五、本节不要求被申请人对公众保留依法律应当公开的信息。"

总的来说，美国对投资仲裁的透明度持全面支持的态度，前提是不披露保密信息。

(三) 中国

在 2010 年 10 月联合国贸易法委员会第二工作组第五十三届会议上公布的《投资人与国家之间以条约为基础的仲裁的透明度——各国政府的评议汇编——秘书处的说明》中，中国明确表示了反对在《华盛顿公约》中加入透明度条款、反对透明度改革。理由是自中国1992年加入《华盛顿公约》到2010年，中国还没有过投资仲裁的相关实践、缺乏实践经验，并且中国参与缔结的投资条约和双边协定中均没有透明度条款。因此，中国对法庭之友提交书面意见、庭审过程的公开等持反对意见，坚持仲裁的保密性。①

值得注意的是，这份文件公布的时间是2010年，距今已有10年的时间，在这10年里发生了很多变化，在ICSID登记的中国作为被申请人的案件已经发生了4起，而中国投资者作为申请人的案件数量更多。但是中国自2010年以后没有就透明度问题公开发表过观点，因此其对透明度的态度是否有转变，我们也未知。

二、其他仲裁机构对透明度的态度

(一) 常设仲裁院

常设仲裁院是1899年《海牙公约》签订国于1900年根据公约第20条至第29条而设立的。1907年《海牙公约》第41条声明："为便利不能用外交方法解决的国际争议立即提交仲裁起见，各缔约国承允保留第一次和平会议(海牙和平会议)所设立的常设仲裁院。该法院随时受理案件。"除非当事国协议成立特别法庭，常设仲裁院有权受理一切仲裁案件(第42条)。常设仲裁院设在海牙，并有一国际事务局，作为仲裁院的书记处(第43条)；此外，还设有一个行政理事会，负责指导和监督国际事务局的工作，理事会由各缔约国驻海牙的外交代表和荷兰外交部长组成(第48条)。常设仲裁院的组织很简单。按照公约第44条的规定，每一缔约国提出四名公认为"精通国际法问题，享有最高道德声誉"，且愿担任仲裁职务的人，如此提出的人将作为常设仲裁院仲裁员列入一项名单中；两个或两个以上国家可以协议共同提出一个或一个以上的仲裁员，同一人也可以由不同国家提出，仲裁员任期六年，得连选连任。遇有缔约国希望提请常设仲裁院解决在它们之间发生的争端时，被邀请组成法庭以解决此项争端的仲裁员，必须从上述仲裁员名单中选定；法庭一经组成，当事国即应将它们提请该院仲裁的决定，仲裁协定的文本以及仲裁员的姓名通知事务局；事务局为法庭的集会作必要的安排。仲裁员在行使其职务且在其本国以外

---

① 参见《解决商事争议：投资人与国家之间以条约为基础的仲裁的透明度——各国政府的评议汇编——秘书处的说明》，http://daccess-dds-ny.un.org/doc/UNDOC/LTD/V10/555/82/PDF/V1055582.pdf? Open Element.

时，享受外交特权和豁免。由此可见，海牙常设仲裁院并不是一个有一定的常任法官受理案件的真正的法院，不是作为一个整体机构来裁决提交该院的案件的；它不过备有一份仲裁员候补者的名单，争端当事国可以从这名单中选定仲裁员，组成仲裁法庭。就是由于至少有一个常设国际机构备有一定的仲裁员名单，使得争端当事国容易随时求得适于担任仲裁任务的人员，解决它们之间的争端，对于当事国而言，这就是在推行仲裁上一种相当重要的便利和保证。

目前，当事人可以在常设仲裁法院（"常设仲裁院"）的各套仲裁规则当中作出选择：《常设仲裁法院两国之间争议仲裁任择规则》《常设仲裁法院其中仅有一方为国家的双方之间争议仲裁任择规则》《常设仲裁法院涉及国际组织和国家仲裁任择规则》《常设仲裁法院国际组织与私人当事方之间仲裁任择仲裁规则》《常设仲裁法院涉及自然资源和环境争议仲裁任择规则》《常设仲裁法院涉及外层空间活动争议仲裁任择规则》。常设仲裁院副秘书长在 2012 年给贸易法委员会的回复中称："我们的初步审查表明，常设仲裁院的上述各套规则基于 1976 年或 2010 年的《贸易法委员会仲裁规则》，与正在拟订的透明度规则并行不悖。如果透明度规则草案今后作出修订，常设仲裁院保留对其答复作出修改或补充的权利。"

(二) 开罗仲裁中心

开罗仲裁中心成立于 1979 年，是在亚非法律咨询组织主持下成立的一个独立的非营利性国际组织。自成立以来，开罗仲裁中心在作出轻微修改后通过了 1976 年《贸易法委员会仲裁规则》。开罗仲裁中心先后于 1998 年、2000 年、2002 年和 2007 年对该规则作了修正，以确保这些规则继续符合用户的需要，同时反映出国际机构仲裁领域的最佳做法。现行《开罗仲裁中心仲裁规则》是 2011 年 3 月开始执行的。规则依据的是 2010 年修订的新的《联合国国际贸易法委员会仲裁规则》，所做的轻微修改主要是考虑到该中心作为仲裁机构和指定机构的作用。该规则同样适用于商事和投资仲裁程序。该规则第 40 条作为一般原则对保密性作了规定，但当事人可以协议偏离这些规则。

本 章 小 结

对于国际投资仲裁透明度的广泛讨论始于 NAFTA，NAFTA 最早将透明度设为议题，也是最早出现关于透明度的相关仲裁案例。Methanex 公司诉美国案是仲裁庭裁决其有权接受法庭之友书面意见的第一个国际投资仲裁案。在这个案件中，仲裁庭认定其接受法庭之友提交的书面意见的权利，并最终接受了两个非政府组织提交的书面意见。美国联合包裹服务公司诉加拿大案是继Methanex 案之后，又一起涉及法庭之友的案件，仲裁庭同意了法庭之友提交书面意见的请求并认为，这是在《UNCITRAL 仲裁规则》第 15(1) 条赋予仲裁庭的自由裁量权。2003 年 10 月 7 日，NAFTA 的自由贸易委员会(FTC) 发布了关于 NAFTA 第十一章的一系列声明，明确承认第三方可以提交书面意见，仲裁庭可以自行决定是否接受法庭之友意见，但不能影响成员国在 NAFTA 第 1128 条下的权利。考虑到接受非争端方的书面意见可能会影响 NAFTA 第十一章的运作，为仲裁庭接受这种书面意见制定出标准。声明发布后，关于仲裁庭是否有权接受法庭之友书面意见的问题就不再具有争议性。双方也在声明中表示，将公开庭审过程作为积极寻求的目标，这无疑是一种进步。

NAFTA 关于投资仲裁透明度的实践和改革也推动了 ICSID 投资仲裁透明度的改革进程。从 ICSID 官方网站上公布的相关数据可以看到，在目前 ICSID 受理的 769 件仲裁案件中，涉及非争端方参与的案件共 32 件。这些案件的仲裁庭都对非争端方参与仲裁的申请作出了相应的决定，其中仅 10 个案件对决定书进行公开，公开的决定书可以在 ICSID 的网站进行查询。在公开了决定书的 10 个案件中，接受法庭之友书面意见的案件数量是 7 件，而拒绝接受法庭之友书面意见的案件数量为 3 件。涉及非争端方参与的第一个案件是 SA 公司诉玻利维亚共和国案，在这个案件中，仲裁庭在 2003 年 2 月作出决定，拒绝法庭之友提交的书面意见。然而在接下来的两个案件中，仲裁庭均接受了法庭之友的书面意见。仲裁庭在这两个案件中同样援引《华盛顿公约》第 44 条，认为其法庭之友提交的书面意见符合 44 条规定的条件，并且案件均涉及公共利益，因此有接受法庭之友意见的必要。

2006 年，面对国际上增强投资仲裁透明度的呼声，ICSID 对其仲裁规则进行了修改。修改的主要内容是《ICSID 仲裁规则》的第 37 条和第 32 条。修改后的 ICSID 使得仲裁庭的自由裁量权有了更明确具体的依据。《ICSID 仲裁规则》修改后，实践中对三方参与的接受度有很大提升，相关争议也大大减少。

第四章　投资仲裁透明度与 WTO 争端解决机制透明度

国际投资仲裁解决的是国际投资争议，而 WTO 争端解决机制解决的是国际贸易争议，这两个国际争端解决机制都涉及国际主权、公共利益的问题，因此二者之间有千丝万缕的联系。并且，近些年来，关于这两个领域的透明度问题的讨论都不绝于耳，因此有必要对国际投资仲裁透明度和 WTO 争端解决机制中的透明度问题进行比较。本章将先对 WTO 争端解决机制中的透明度进行概述，并对争端解决各个阶段的透明度的相关规则进行分析，然后结合实践中出现的相关案例，对 WTO 争端解决机制中的透明度进行全面的了解，最后将 WTO 争端解决机制中的透明度分别与 ICSID 投资仲裁透明度和 NAFTA 投资仲裁透明度进行比较，找到可以相互借鉴之处。

第一节　WTO 的争端解决机制透明度

和国际经济法领域的其他机构一样，世界贸易组织（World Trade Organization，WTO）及其前身关税与贸易总协定（General Agreement on Tariff and Trade，GATT），也曾因运行机制缺乏透明度而遭到诟病。然而，自从 1995 年成立以来，WTO 作出了改进，无论是在规则的制定方面还是在争端解决方面，都系统地增强了透明度，由此成为了其他机构学习的典范。

WTO 的前身 GATT 是由多个国家缔结的旨在降低关税、减少贸易壁垒的多边国际协定，由于各种原因，GATT 没有发展成为一个真正意义上的国际经济组织，不过，经过长期实践，它也发展出一套基本的争端解决机制。根据官方网站数据显示，在 GATT 运行的 47 年的时间里，共受理了近两百起案件，也就是说，GATT 的争端解决机制在切实发挥作用。但是，不得不承认的是，GATT1947 的争端解决机制在很多方面存在问题，饱受诟病。比方说，其争端解决效率较低，因为缺乏关于时间限制方面的条款，一个争议的解决往往被拖延很久，问题不能得到及时解决；在程序上，由于奉行"协商一致"的原则，一方可以根据此原则阻碍争端解决程序的开始，被专家组裁定败诉的另一方也可借此规则阻止专家组报告的通过。以上弊端成为人们不信赖此机制的主要理由。① 在这种背景下，经过 1986 年 9 月到 1994 年 4 月的第八轮多边贸易谈判—乌拉圭回合谈判，WTO 成立。

WTO 是冷战结束后成立的第一个重要的国际经济组织，其基本法律文件《关于争端解决规则与程序的谅解》（以下简称 DSU）继承了 GATT1947 争端解决机制中科学合理的制度，其最显著的成就就是扩大了争端解决机制的适用范围，将 GATT 的争端解决变成了一个有上诉程序的、有约束力、有强制力的争端解决机制。另外，在总结经验与教训的基础上，克服了原 GATT1947 争端解决机制的弊端，进行了大刀阔斧的改革，使得机制呈现更丰满的状态，扩大了解决争端的范围，增多了解决手段。DSU 的达成，使国际贸易争端的解决从"权力主导型"向"规则主导型"转变。

一、WTO 争端解决机制概述

（一）WTO 争端解决机制的优势

同 GATT 争端解决机制相比较，WTO 的争端解决机制进行了如下创新：

第一，增加上诉程序。GATT1947 的争端解决方式主要是磋商，如果磋商达不成双方满意的解决方案，则可成立专家组。WTO 的争端解决机制中包含四个阶段：磋商、专家组、上诉程序和执行程序。增加上诉程序是 WTO 对国际争端解决机制的创新，当事人对专家组报告中的法律问题、解释问题有异议时，可以向 DSB 的专家组上诉，要求修改或推翻专家组报告中的法律问题或法律解释。

第二，严格规定了争端解决的时限。谅解及其附件对于争端解决的各个阶段都确定了严格、明确的时间表，国际贸易争端解决程序要遵照这些关于时间的规定，避免程序的拖延。比方说，专家组阶段一般是 6 个月，最多不超过 9 个月；有了时间限制后，节省了时间成本，争端解决效率随之提高。

第三，"反向协商一致"。在 GATT1947 之下，坚持"一票否决制"。当事方对争端主要通过磋商解决，磋商不成请求成立专家组，但是专家组的设立可被当事方一票否决，甚至专家组报告也能被当事方一票否决而不能发生法律效力。从 GATT 的"一致同意"原则，转变为除非"一致同意"反对，这一转变大

---

① 刘辉群：《世界贸易组织》，厦门大学出版社 2014 年版，第 117 页。

大增强了执法的力度。因为在一般情况下，"一致同意"否定某项决议的意见很难达成，从而排除了败诉方单方面阻挠报告通过的可能。

第四，WTO 在争端解决中坚持"非互惠"，给予最不发达国家和发展中国家特殊的保护，为其设立特别程序。

截至 2017 年 3 月 8 日，从 1995 年成立以来仅仅 22 年的时间，WTO 争端解决共受理 524 个案件。① 其数量远超整个 GATT 时期处理的争端数量。可见 WTO 争端解决机制在当前国际贸易争端解决中的影响力。

(二) 批判的声音

但是，也有些反对者认为，WTO 会加剧全球化的负面影响，并且进一步限制国家主权，这些问题都要求我们对全球治理和主权观念进行重新评估。呼吁者都在讨论，该如何促进公民社会的发展，实现自由市场经济的目标，还有如何进行环境的保护、文化的保护、劳工权利的保护等问题。

在 1999 年 11 月西雅图举行的部长级会议和 2000 年 9 月举行的世界经济论坛上，抗议、示威活动也变得频繁起来。② WTO，特别是它的争端解决机构，仍被认为是一个规则和程序不民主、不透明、不可预见的"星室法庭"。正如 WTO 上诉机构前成员所讲："如果 WTO 要反映民主和开放的精神，WTO 成员国开展的政府行动就要越来越透明，这样才能增强 WTO 及其争端解决机制的合法性。"③然而，许多发展中国家将 WTO 视为一个非公开机构，并不愿意被其他非成员国窥视。为了在 WTO 成员国利益和国际社会对透明度的需求上寻得一个平衡，WTO 不得不借鉴其他国际组织的经验。

另外，正如我们前面所说，WTO 自 1995 年起才开始成立并运作，虽然其前身关税与贸易总协定(GATT)由于先天不足没有发展成一个国际经济组织，但它对 WTO 运行机制产生了巨大的影响。GATT 的争端解决机制在很大程度上借鉴了国际商事仲裁的特点，而国际商事仲裁至今保持着其保密性，因此从这个层面讲 GATT 争端解决机制的保密性是与生俱来的、是在所难免的。虽然 GATT 的专家组裁决报告最后是公之于众的，但争端解决的整个程序和磋商过

---

① Chronological list of disputes cases. http://www.wto.org/english/tratop_e/dispu_e/dispu_status_e.htm Mar. 8. 2017.

② Jeffery Waincymer. Transparency of Dispute Settlement Within the World Trade Organization. Melbourne University Law Review, 2000: 801.

③ Yasuhei Taniguchi. The WTO Dispute Settlement as Seen by a Proceduralist. CORNELL INT'L L. J., 2009(18).

程都对民众和非政府组织进行完全保密。这种情况在 GATT 晚年的实践中开始出现争议。因此，有些成员国(尤其是美国)开始呼吁增强 WTO 运作机制中的透明度，尤其是 WTO 争端解决机制中的透明度。同时，成员国以外的组织也开始进行类似的呼吁，特别是一些与处理环境和劳工权利有关的非政府组织。它们认为，增强开放性，在更广泛的权利范围内增进对话，可以使 WTO 争端解决过程更公平、更高效。增强透明度也可以为非政府组织和一些私人团体在 WTO 运作体系中赋予一定的角色，使其发挥积极的作用。

需要注意的是，我们这里所说的透明度，不同于 WTO 基本原则中的透明度原则，后者是指 WTO 成员应公布有关或影响货物贸易、服务贸易和与贸易有关的知识产权保护的法律、条例或规定，以及普遍适用的措施，没有公布的措施不得实施。同时还应该将这些贸易政策及其修订情况通知 WTO。此外，成员所参加的有关影响国际贸易政策的国际协定，也应及时公布和通知 WTO。① 本章所指透明度是 WTO 争端解决机制中的透明度。

二、WTO 争端解决机制透明度

鉴于以上对 WTO 运行机制批判的声音，美国等发达国家开始呼吁在 WTO 运作机制中增加透明度，尤其是在争端解决机制中增加透明度。要再次强调的是，我们这里的 WTO 争端解决机制中的透明度，与 WTO 的基本原则之一透明度原则不是同一个概念。作为 WTO 基本原则之一的透明度原则被规定在 GATT 第 10 条中，是指 WTO 成员应公布有关或影响货物贸易、服务贸易和与贸易有关的知识产权保护的法律、条例或规定，以及普遍适用的措施，使得其他成员方以及从事国际贸易的主体能够及时了解。WTO 争端解决机制中的透明度，是指 WTO 争端解决中的第三方参与，表现在 WTO 争端解决机制的各个阶段。

(一)磋商阶段的透明度

磋商是争端解决机制的启动程序，是组成专家组解决争议的必经程序。是指争端双方为了解决争议，在 WTO 的多边监督下进行沟通，以求达成双方满意的解决结果。磋商不同于争端当事方为了解决争议而进行的协商，协商仅在双方间进行，而磋商需要 WTO 的介入。根据 DSU 第 6 条和第 4 条规定，在成立专家组之前，争端双方必须已经进行过磋商，否则不得申请成立专家组。磋

---

① 曹建明，贺小勇：《世界贸易组织》，法律出版社 2011 年版，第 112 页。

商请求应以书面形式提交给 DSB，磋商的书面文件包括如下内容：指明根据哪些程序性条款而提出的，这些条款通常是 DSU 第 4 条及其他 WTO 涵盖协定中相应磋商规定；说明磋商理由的书面文件，根据 DSU 第 4 条第 4 款规定："申诉方应说明请求磋商的理由，包括确认所争议的措施，并指出据以要求磋商的法律依据。"

DSU 第 4 条第 6 款规定："磋商应保密，并不得损害任何一方在任何一步诉讼中的权利。"一般情况下，参加磋商的只有争端当事方，WTO 工作人员也不得参加，磋商过程没有公证人在场，也不得形成任何 WTO 官方会议记录，确保各方可以充分披露事实。①

根据 1996 年 7 月 18 日总理事会通过的《WTO 文件散发和与解除限制程序》(以下简称解除限制的决定)规定：在 WTO 协定生效后的任何 WTO 系列文件都应当散发，成员要求限制散发的和附录中的文件除外，对于成员提交的要求限制散发的文件，通常自散发之日起 60 天后解除限制，进行散发。②根据上述规定，成员方磋商请求的公开应遵循"解除限制规则"的约束，如果成员方没有限制公开，磋商请求在 DSB 及相关理事会和委员会处理后即可公开。有公开限制的情况下，60 天后可以公开。公开的方式是将磋商请求文件翻译成 WTO 三种官方语言英语、法语和西班牙语，并定期散发最新的解除限制文件清单在官方网站上公布。DSU 第 3 条第 6 款规定，对于根据适用协定的磋商争端解决规定正式提出事项的双方均同意的解决办法，应通知给 DSB 及相关理事会和委员会，在这些机构中任何成员可以提出任何问题。

根据以上三项规定可以看出，在磋商阶段，只有磋商阶段提交给 DSB 的书面文件是依"解除限制规则"而公开的，而磋商过程是保密的。DSB 接收到磋商的请求后，均以书面形式通知 DSB 和相关的理事会或委员会。DSB 收到磋商请求的文件后，秘书处给争端编号，编号后的磋商请求会公开发布在 WTO 网站上，凡对此感兴趣者均可了解磋商涉及何类问题以及磋商在哪些成员之间进行。笔者认为，磋商秘密性的制度设计对双方争议解决有一定的积极作用。原因分析如下：对磋商过程进行保密，有利于双方毫无顾忌、全面地披露相关信息，有利于争端的解决；没有第三方介入的程序，将会节省很多时

---

① [美]戴维帕尔米特，[希腊]佩特罗斯马弗鲁第斯：《WTO 中的争端解决实践与程序》，罗培新、李春林译，北京大学出版社 2005 年版，第 78 页。

② 索必成译：《WTO 争端解决程序》，法律出版社 2003 年版，第 107 页。

间，提高效率，促进争端及时、快速的解决；双方关起门来解决争议，对于彼此间国际形象的维护也是十分必要的。

(二) 专家组阶段的透明度

1. 成立专家组的请求

磋商结束后，如果没有达成满意的解决方案，双方可以书面请求成立专家组。在请求书中要表明是否已经磋商程序并列明磋商的一些具体情况，还要指出争议事实和法律依据 。由于此请求书属于书面文件，因此也要遵从上文提到的"限制散发规则"，最终由秘书处通过 WTO 网站进行散发。

2. 书面陈述

在专家组与争端各方召开第一次实质性会议之前，争端各方向专家组提交书面陈述，说明案件的事实和依据。每一方的书面陈述，包括对报告陈述部分的任何意见和对专家组所提问题的答复，另一方或各方均应获得。① DSU 附录3《工作程序》中规定提交专家组的文件应保密，各成员应将另一成员提交专家组并由该成员指定为机密的信息按机密信息对待。② 上述做法与 GATT 的做法一致，但 WTO 改进之处在于：明确指出 DSU 的规定不妨碍任何争端方向公众披露有关自身立场的陈述，如一争端方向专家组提交其书面陈述的保密版本，则应任一成员请求，该争端方还应提供一份其书面陈述所含信息的可对外公布的非机密摘要。

DSU 的上述规定为成员方个体在争端解决框架下追求透明度提供了突破：成员方可以对自身的立场作毫无保留的披露，可以公开其书面陈述的全部内容，但是其界限是不能包含他方指定为机密的信息，因为其负有保密的义务。增加了强制性规定，即如果当事方将其提交的书面陈述视为机密，应任一成员的请求，也要公布其文件的非机密摘要。这些改进虽然有积极的因素，但是对自动公布的内容以及经要求公布的非机密摘要内容的尺度没有细致的规定，属于成员自我裁量的范围，外界对其内容了解得多少还是取决于成员的"自觉性"。

3. 专家组的审议过程和专家组报告

根据 DSU，在专家组成立后，将开展第一次实质性会议和第二次实质性

---

① DSU 附录《工作程序》第 4 条、第 10 条。
② DSU 附录《工作程序》第 3 条。

会议，争端双方在实质性会议上发表事实和各自的论证，这个过程就是专家组的审议过程。根据 DSU，除非争端当事方主动申请，否则审议过程是不向公众公开的。审议过程中也会形成书面的记录文件，这些文件属于机密，是不允许对公众开放的。这有助于专家组独立自主地作出判断，免受外界舆论的干扰。

两次会议后，专家组将报告初稿的描述部分散发给争端各方，由各方作出书面意见。收到各方书面意见后，专家组将完成一份中期报告并继而作出最终报告。为了给各成员提供充足的时间审议专家组报告，在报告散发之日起 20 天后，DSB 方可审议通过。对报告持反对意见的成员应当在将审议该报告的 DSB 会议召开前 10 天，将其反对意见的书面理由提交给 DSB。① 这些意见属于 WTO 的正式文件，受"60 天规则"的约束。专家组的报告在 DSB 通过后，将由秘书处在 WTO 官方网站上公布，公众可以查阅相关信息，对专家组的审理情况进行了解。

4. 法庭之友

专家组在审理争端过程中，一般只有争端当事方或第三方(此第三方是争端双方之外的 WTO 成员)才可以向专家组提交相关材料。但由于贸易争端涉及的问题比较复杂，特别是涉及一些很专业的问题，如动植物检疫等，专家组往往需要向有关技术专家、国际机构寻求资料或咨询，以便正确处理争端。因此，根据 DSU 第 13 条，应专家组的要求，有关组织和个人可以提交材料。但是专家组寻求信息时，必须采取措施对有关秘密信息进行保密。

应专家组提出的请求，法庭之友提交材料是符合 DSU 第 13 条规定的。但是，当书面请求是由法庭之友主动提供的时候，DSU 在是否接受此书面意见上缺乏明确的规定。这就涉及 WTO 的法庭之友提交书面意见的问题。有些成员国致力于推动 WTO 的争端解决程序向更透明的方向发展，因此对法庭之友提交书面意见持赞同态度，但也有些成员国则担心法庭之友制度会损害一些国家，特别是发展中国家成员国的利益。普遍关心的问题在于，"由于不知道专家组和上诉机构法庭对之友书面意见的理解，成员国可能会无法恰当回应违背其立场的书面意见，从而无法捍卫自己的权利"。② 专家组和上诉机构在它们

---

① DSU 第 16 条(1)、(2)款。

② Robert B. Hudec. New WTO Dispute Settlement Procedure: An Overview of the First Three Years. MINN. J. GLOBAL TRADE, 1999(49).

各自的争端解决实践中确认了自己享有接受并考虑法庭之友提交的书面陈述的权利。① 当然，专家组和上诉机构的态度并非自始如此，而是有一个发展的过程。本书会在下一部分对这些案例进行详细的分析，此处不再赘述。

(三)上诉审理阶段的透明度

上诉程序是指争端方对专家组裁决报告中的法律问题或法律解释不服，而向 DSB 的上诉机构提出上诉，上诉机构进行审查，并作出维持、推翻或修改专家组报告有关法律问题或法律解释的程序。上诉程序是 WTO 对国际争端解决机制的创新，目的是强化争端解决机制的司法特点，是 WTO 争端解决机制的重要组成部分。上诉程序自上诉方提交上诉通知开始。② 上诉通知的地位非常重要，是上诉机构行使管辖权的基础。

根据《工作程序》第 21(1) 条规定，上诉方在提交上诉通知的同一天，应向上诉机构秘书处提交书面上诉状，并向争端各方和第三方送达上诉状副本。任何一个争端当时方欲对上诉方的上诉状作出回应的，可在上诉方提交上诉通知后的 18 天内向上诉机构秘书处提交书面答辩状。上诉状和答辩状属于机密文件，不对外公开，上诉通知书受"60 天规则"的制约，应当对公众公开。

而上诉程序中的口头听证会也只面向参诉方、第三参诉方和第三方，对公众是保密的。

第二节　WTO 争端解决机制法庭之友实践

法庭之友递交书面意见的前提是争端解决机构对程序开始的公告，并且案件的相关事实情况、争端解决中的相关资料和程序的进行状况要对公众公开，使这些利益相关者可以作出判断，决定是否提交书面意见，提交什么样的书面意见。在 WTO 的争端解决中，接受法庭之友的书面意见在实质上等于让法庭之友参与到 WTO 的争端解决程序中来。因此，法庭之友陈述是争端解决中透明度制度的一个重要组成部分。专家组和上诉机构对法庭之友的接受是有一个漫长的过程。下文将以时间为脉络，对相关案件进行梳理、分析。

---

① 魏红：《WTO 争端解决机制中法庭之友制度探究》，华东政法大学研究生毕业论文，第 16 页。

② DSU 第 16 条(4)。

一、第一阶段：拒绝接受法庭之友意见

WTO 争端解决机构最初收到的两起主动提交法庭之友书面意见的案件，都涉及保护成员国领土内公共健康，保护公共安全和保护环境的案件，这两个案件分别是美国汽油标准案和美欧荷尔蒙案。① 美国汽油标准案是 WTO 的第一案，并且涉及保护环境的问题，因此受到很多关注。② 专家组在两个案子中均选择了无视法庭之友提交的书面意见，而是认为非政府组织应该将其意见提交给争端当事国政府考虑。③

二、第二阶段：逐渐接受法庭之友意见

第二阶段有两个典型案件，分别是美国海虾案和美国钢铁案。其中，美国海虾案的上诉机构确认了专家组享有接受法庭之友书面意见的自由裁量权，并对上诉程序中附加在美国上诉报告中的法庭之友意见予以考虑，但对未附加的部分没有考虑，且没有明确说明予以考虑的法律依据。在美国钢铁案中，上诉机构为其接受法庭之友陈述找到法律依据，即 DSU 第 17 条。

紧接着发生的涉及法庭之友的案件是至今仍有巨大影响力的美国海虾案，从这个案件开始，DSB 对法庭之友书面意见的态度开始有所转变。海龟作为珍惜海洋物种的一种，却由于长期的不科学捕捞而被误杀，甚至面临灭绝的危机，美国为了保护海龟，在海洋产品的捕捞中使用一种名为 TED 的设备，美国拒绝从未使用这种设备的国家进口海虾。印度、泰国、巴基斯坦、马来西亚认为这一政策损害了它们的利益，请求进行磋商，后因磋商不成在 1997 年成立了专家组。在该案审理期间，专家组收到了三个非政府组织自愿提交的书面意见。印度、马来西亚、巴基斯坦和泰国要求专家组不要考虑这些文件。专家组认为，根据 DSU 第 13 条，寻求信息和选择信息来源的主动权掌握在专家组。在未经专家组主动要求的情况下，接受非争端当事方提交的法庭之友信息违反 DSU 的规定。专家组在其报告中这样解释：根据 DSU，专家组可以主动

---

① See Panel Report, United States-Standards for Reformulated and Conventional Gasoline, WT/DS2/R (Jan. 29, 1996), and Appellate Body Report, European Communities-Measures Concerning Meat and Meat Products, WT/DS48/AB/R (Feb. 13, 1998).

② 朱榄叶：《世界贸易组织根据贸易纠纷案例评析》，法律出版社 2000 年版，第 68-89 页。

③ Gabrille Marceau, Matthew Stilwell. Practical suggestions for Amicus Curiae Briefs before WTO adjudicating Bodies. Journal of International Economic Law, 2001(4): 158.

寻求专家等非争端方的帮助，向其征询一些信息。但是未经专家组主动要求的陈述，专家组不能接受，因为这不符合 DSU 的规定。非政府组织应将其提交给争端当事方进行考虑，争端当事方可以将其加入自己的意见书中，提交给专家组，这是争端当事方的权利和自由。① 在该案的上诉程序中，能否接受法庭之友提供的资料再次成为当事方争论的焦点之一。上诉机构认为，DSU 第 13 条赋予了专家组寻求信息的权利，这种权利是全面而不受限制的，专家组有权寻求资料并不代表禁止专家组接受非经其要求的资料，DSU 并没有禁止专家组接受未经其请求所提交的材料，专家组有权决定是否接受法庭提交的材料。② 上诉机构同时也提到了其本身能否接受法庭之友意见的问题。在本案中的上诉程序中，美国已经将三个非政府组织的书面意见加入上诉材料中，上诉机构认为，附加到当事方上诉材料中的部分，成为了当事方意见的一部分，不再具有法庭之友书面意见的性质，"至少从表面上构成了当事方上诉材料不可分割的一部分"。③ 而对于没有被美国加入上诉材料中的书面意见，上诉机构没有作出明确说明。本案中，上诉机构指出了专家组有权决定是否接受法庭之友书面意见。虽然在上诉程序中，上诉机构也只是对附加到美国上诉材料的那部分予以考虑，该案的判决还是引起了不小的轰动。

　　美国海虾案在非政府组织参与 WTO 争端解决问题上具有里程碑式的意义。从此以后，WTO 争端解决机构认识到，合适地、恰当地接受法庭之友的书面意见可以增强公众对 WTO 争端解决机制的信任。

　　在接下来发生的美国钢铁案中，面对两个非政府组织提交的法庭之友书面意见，专家组认为，其对法庭之友问题有自由裁量权，但专家组认为其提交陈述的时间太晚，没有充足的时间给争端当事方作出回应。④ 因此拒绝了非政府组织的请求。在上诉审程序中，两个非政府组织再次提交了法庭之友陈述文件。上诉机构需要关心的是，其是否有权接受没有附加在当事人提交的文件中的法庭之友意见？欧盟认为 DSU 第 13 条从文义解释来说，只涉及事实信息和

---

　　① Panel Report on United States—Import Prohibition Certain Shrimp and Shrimp Products, adopted as Amended by the Appellate Body Report on 6 November 1998, WT/DS58/R（US-Shrimp）, para. 7-8.

　　② Appellate Body Report on US-Shrimp, WT/DS58/AB/R, para. 108.

　　③ See Appellate Body Report on US-Shrimp, WT/DS58/AB/R, para. 89.

　　④ See Panel Report, United States—Imposition of Countervailing Duties on Certain Hot-RolledLead and Bismuth Carbon Steel Products Orinating in the United Kingdom, WT/DS138/R, para. 6.

技术性建议，排除任何法律争议的部分。欧盟还认为，对于上诉机构接受不请自来的法庭之友陈述，在 DSU 中是没有法律依据的。上诉机构对欧盟的意见表示不赞同。上诉机构认为，DSU 中没有条款明确禁止它接受法庭之友的陈述，而且 DSU 第 17 条授予上诉机构一种权利：对于没有作出规定的程序问题，上诉机构可以采用与 DSU 规则和程序都不冲突的程序规则。①

在美国海虾中，上诉机构虽然承认了专家组有自由裁量权，可以自主决定是否接受法庭之友陈述，但在上诉程序中，上诉机构仅对附加到美国上诉材料中的那部分"法庭之友意见"予以考虑，而直接忽视了没有附加在争端方上诉材料的那部分，并且上诉机构并没有表明法律依据，而在本案中，上诉机构为其接受法庭之友书面意见找到了法律依据，即 DSU 第 17 条，这无疑是本案的巨大进步之处。此案之后，法庭之友的书面意见可以直接提交给专家组和上诉机构而无需附着于争端方的相关文件当中。

经过这一系列案件实践，WTO 的法庭之友问题已经不再像从前一样富有争议，专家组和上诉机构普遍会接受并考虑法庭之友陈述，只要这些书面文件在合理的时间范围内提交，如果第一次实质性会议结束后才提交，那它很可能被专家组拒绝接受。到目前为止，法庭之友共在 22 个专家组程序中提交了书面意见。② 根据以上案件专家组报告中披露的信息，"法庭之友"中有 22 个代表了非政府组织和其他利益团体，有 16 个代表工业协会。有些专家组报告会提供法庭之友的详细信息和立场，但是有些专家组报告不会。通常说来，专家组报告中也不会阐明法庭之友被接受和不被接受的理由。即使是被专家组接受

---

① See Appellate Body Report, United States—Imposition of Countervailing Dutieson Certain Hot-Rolled Lead and Bismuth Carbon Steel Products Orzjginating in the United Kingdom, WT/DS138/AB/R, para. 41-42.

② See US-Shrimp (WT/DS58/AB/R); US-Lead and Bismuth II (WT/DS138/R); Australia-Salmon (WT/DS1 8/RW); US-Section 110(5) Copy right Act (WT/DS160/R); EC-Asbestos (WT/DS135/R); EC-Bed Linen (WT/DS141/R); US-Softwood Lumber III (WT/DS236/R); US-Softwood Lumber IV (WT/DS257/R); US-Softwood Lumber (WT/DS277/R); EC-Export Subsidies on Sugar (WT/DS265/R, WT/DS266/R, WT/DS283/R); US-Zeroing (EQ (WT/DS294/R); EC-Selected Customs Matters (WT/DS315/R); EC-Marketing and Approval of Biotech Products (WT/DS291/RWT/DS292/R, WT/DS293/R); Brail-Retreaded Tyres (WT/DS332/R); Australia-Apples(WT/DS367/R); Thailand-Cigarettes (WT/DS371/R); EC-Large Civil Aircraft(WT/DS316/R); US-COOL (WT/DS384/R, WT/DS386/R); US-Tuna II(WT/DS381/R); US-Clove Cigarettes(WT/DS406/AB/R); Canada-Renewable Energy(WT/DS412/AB/R); Canada-Feed-in Tariff Program(WT/DS426/AB/R).

的书面意见，专家组也会随即表明，专家组报告的得出并不依赖于此书面意见。因此，即使专家组和上诉机构表面上接受了法庭之友书面意见，其能发挥多少作用依旧是个不明朗的问题。在这个问题上，美国金枪鱼案成为一个显著的、例外的案件，专家组采纳了法庭之友提交的书面意见，并且给予争端双方充足的机会对陈述中的论点和事实部分作出回应，在本案的专家组报告中明确写出了陈述中支持争端方论证的事实方面的信息，陈述中的标题和内容也作为附件附加在了专家组报告中。①

第三节　WTO 争端解决机制的透明度 与投资仲裁透明度

WTO 争端解决机制中，有一个"第三方参加专家组程序"的概念，如果一个成员认为在其他成员提交专家组的事项中有实质利益，并通知了 DSB，就可以申请作为第三方参加案件的审理，并向专家组提交书面陈述。DSU 没有对欲参与专家组程序的第三方通报时限作出规定。但是根据 DSU 第 8 条第 3 款规定，具有争端各方和第三方的国籍的人士不得作为专家组的成员，因此，如果某成员在其本国人士被任命为审理案件专家组成员之后才向 DSB 通报其有实质性权益而欲成为第三方，那么这时就会面临更换专家组成员的困境。因此，为了减少这种风险，秘书处采取非正式的惯例，即在 DSB 决定成立专家组的 10 天内不向争端各方推荐专家组候选人。第三方无权向专家组提起诉请，也不可以对专家组报告提起上诉。但是，如果争端各方上诉，第三方可以参加该上诉而成为第三参诉方。②

可以看到，这里的"第三方参加专家组程序"，不同于投资仲裁中的"第三方参与"。WTO 争端解决机制中的"第三方"是指在提交专家组的事项中有利益的其他成员，而投资仲裁中的"第三方"是指当事方以外的公众，多指非政府组织。WTO 第三方参加专家组程序，不涉及我们这里所讲的透明度的问题，是为了在争端解决框架内兼顾对其他成员利益的保护。而投资仲裁的"第三方参与"，本质上就是透明度的问题，是为了让公众了解仲裁案件的处理情况，了解案件中与自身利益密切相关的事项，强调的是对公共利益的保护。

---

① See Panel Report, US-Tuna II, 7.2-7.9 (WIT/DS381/R) (Sept. 15, 2011).
② 曹建明，贺小勇：《世界贸易组织》，法律出版社 2011 年版，第 61 页。

一、WTO 争端解决机制透明度与 ICSID 投资仲裁透明度的比较

根据表 11，我们可以清晰地看出 WTO 争端解决机制中的透明度和 ICSID 国际投资仲裁中透明度的相同点与区别。

从程序的开始来看，WTO 中成立专家组的请求和投资仲裁中启动程序的公告，都是面向公众公开的，这是公众开始对案件进行关注的前提，是公众行使知情权的前提和保障。在这方面，WTO 争端解决机制和投资仲裁都做到了透明。

表 11　　　　　　　　　WTO 与 ICSID 规则中透明度的对比

阶段	WTO 争端解决		ICSID 投资仲裁	
程序的开始	磋商阶段	公开：磋商书面请求和达成的磋商解决办法 保密：磋商过程	启动程序的公告	公开(由秘书处)
	成立专家组的请求	公开		
程序进行中	当事人书面陈述	保密(但不妨碍争端方向公众披露自身立场的陈述)	仲裁程序中的文件	经当事双方同意公开(会议记录和其他记录)
	开庭	保密(除非当事人同意)	开庭	可公开(除非当事人反对)
	法庭之友书面意见	专家组有权接受	法庭之友书面意见	仲裁庭有权接受
程序结束	专家组报告	公开	仲裁裁决	保密(除非当事人同意公开)
上诉程序	上诉通知书	公开	无	
	上诉状和答辩状	保密		
	听证会	保密		

从程序的进行过程来看，WTO 中当事方向专家组提交的书面陈述文件，

原则上应保密，但 DSU 的规定不妨碍任何争端方向公众披露有关自身立场的陈述，如一争端方向专家组提交其书面陈述的保密版本，则应任一成员请求，该争端方还应提供一份其书面陈述所含信息的可对外公布的非机密摘要。而在 ICSID 投资仲裁中，如果当事人同意，可以公布会议记录和其他记录。前文也已经提到，此处的"其他记录"所指不明确。根据上文中对 ICSID 案例的汇总和分析，笔者认为应该对此作缩小解释，此处的"其他记录"不能代指当事人提交的申请书、答辩状、证据材料等。

对于开庭程序，WTO 争端解决机制专家组程序中的开庭是保密的，而 ICSID 仲裁庭在与秘书处协商后，可以允许向他人，包括当事人代理人、律师、拥护者、证人、专家、仲裁庭工作人员公开开庭程序，除非当事人明确反对。此处的"他人"，结合 2006 年后发生案例，笔者认为应该作扩大解释，包括非政府组织等第三人。

至于法庭之友意见，两个机制的做法都是承认仲裁庭有接受法庭之友意见的权利，但是至于最终是否接受，还有一些判断标准，要视具体个案情况的不同来确定是否接受。

对于争端处理结果，专家组阶段的表现形式是专家组报告，而 ICSID 仲裁的结果表现形式是仲裁报告。根据 DSU 的规定，仲裁专家组报告最终要对外公布，而投资仲裁的仲裁裁决原则上是不对外公布的，除非当事双方达成合意，同意向外公布仲裁裁决。

二、WTO 争端解决机制透明度与 NAFTA 投资仲裁透明度的比较

对于启动程序是否公告、开庭是否允许第三方参与、仲裁裁决是否公布，NAFTA 中都没有具体规定，这是因为，NAFTA 仲裁通常来说会适用于《UNCITRAL 仲裁规则》和《ICSID 仲裁规则》。因此协定中对于此类程序性问题规定很少。但是随着实践中多次出现此类问题，也随着整个北美自由贸易区对透明度问题讨论的增多，在北美自由贸易协会公布的两份声明中，分别对仲裁程序中文件的透明度问题和法庭之友书面意见问题作出了同意的答复。答复认为 NAFTA 第十一章中没有规定一般保密义务，NAFTA 中没有条款排除当事人将其提交的或仲裁庭发布的文件向外公布的权利。并且，承认接受法庭之友意见属于仲裁庭自由裁量权的范畴。

对于争端解决程序的启动，与 NAFTA 项下的国际投资仲裁不同，WTO 争端解决程序开始于磋商，磋商不成，书面请求成立专家组，磋商过程中的书面文件根据《解除限制决定》予以公布，但是磋商过程是绝对保密的，只在双方

当事人之间进行，甚至对 WTO 工作人员保密。WTO 中专家组程序的启动始于成立专家组的书面请求，而这种书面文件会公布在 WTO 官方网站上，供公众查询。NAFTA 中对启动程序的透明度问题没有作出明文规定。

对于争端解决过程中的当事方书面陈述，WTO 的规定是保密，但是不阻碍当事方进行披露，当事方在递交文件时，要同时提供一份可对外公布的非机密摘要；NAFTA 项下的投资仲裁，对于仲裁中的书面文件的保密性问题，在自由贸易协会的声明中明确，经当时双方同意，可以公开。WTO 的开庭过程是保密，而 NAFTA 对开庭过程的保密性问题，没有作出明文规定。两个争端解决方式均规定仲裁庭有权接受法庭之友书面意见，但最终是否接受，还要发挥仲裁庭的自由裁量权，视具体情况而定。

对于争端解决的结果，WTO 争端解决机制中的解决结果呈现方式是专家组报告，投资仲裁中解决结果是仲裁裁决。专家组报告经 DSB 通过后，即可由秘书处在 WTO 官方网站上进行公布；NAFTA 中没有对投资仲裁裁决报告透明度问题的条文规定，但根据已有实践来看，已经有很多仲裁裁决被公布，并且 NAFTA 下的仲裁大多数适用于《UNCITRAL 仲裁规则》，只要经过争端双方同意，即可公开。WTO 与 NAFTA 规则中透明度的对比如表 12 所示。

三、WTO 争端解决机制透明度与投资仲裁透明度间的相互借鉴

有外国学者称，在国际经济法领域，WTO 是透明度实践的先驱和"领路人"，其他国际组织均应该学习 WTO 的先进经验。① 然而笔者认为，其在争端解决领域的透明度改革还有很长的路要走。通过上个部分对 WTO 争端解决机制透明度和国际投资仲裁透明度的对比，我认为，WTO 争端解决机制中的透明度可以借鉴以下几点：

第一，WTO 争端解决机制须制定明确的接受法庭之友书面意见的标准。WTO 中的法庭之友参与问题借鉴投资仲裁中关于法庭之友相关规定的经验，特别是投资仲裁中关于接受法庭之友书面意见的标准。2006 年修改后的《ICSID 仲裁规则》中，在明确仲裁庭有权接受法庭之友书面意见的同时，进一步明确了接受标准：当第三方可以带来一些和当事方不同的视角，而这些视角可以协助仲裁庭决定一些事实问题和法律问题时；当第三方可以在争议范围内提出新问题时；当第三方在此仲裁中有重大利益时。在第 37(2) 条规定中，仲

---

① Gabrielle Marceau, Mikella Hurley. Transparency and Public Participation in the WTO: A Report Card on WTO Transparency Mechanisms. TRADE L. & DEV, 2012(19).

裁庭要确保法庭之友的书面意见没有给仲裁程序造成干扰、没有给当事方造成负担，以此作为仲裁庭是否接受法庭之友书面意见的标准之一；在 2003 年 NAFTA 的 FTC 发布的声明中也提到，提交的书面意见必须简洁，包括附录不得超过 20 页；要有一个表明立场的简短声明；要在争议事项范围内提交书面意见。在 WTO 的争端解决规则中，并没有规定出类似的接受法庭书面意见的标准，在 WTO 争端解决的实践中，也没有专家组和上诉机构对以上标准予以明确。然而明确接受法庭之友书面意见的标准，可以减少很多实践中的争议，使得实践中类似问题的解决有据可循，提高争端解决的一致性和可预见性，最终推动 WTO 争端解决的发展。

表 12　　　　　　　　**WTO 与 NAFTA 规则中透明度的对比**

阶段	WTO 争端解决		NAFTA 投资仲裁	
程序的开始	磋商阶段	公开：磋商书面请求和达成的磋商解决办法 保密：磋商过程	启动程序的公告	无明确条文规定
	成立专家组的请求	公开		
程序进行中	当事人书面陈述	保密（但不妨碍争端方向公众披露自身立场的陈述）	仲裁程序中的文件	经当事双方同意公开（双方提交的文件，仲裁庭公布的文件）
	开庭	保密	开庭	无明确规定
	法庭之友书面意见	专家组有权接受	法庭之友书面意见	仲裁庭有权接受
程序结束	专家组报告	公开	仲裁裁决	无明确规定
上诉程序	上诉通知书	公开	无	
	上诉状和答辩状	保密		
	听证会	保密		

第二，WTO 专家组审议过程的公开程度。根据 DSU，除非争端双方主动申请，否则庭审过程不向公众公开；而在 2006 年版的《ICSID 仲裁规则》中，仲裁庭与秘书处协商后，可以允许第三方如专家等参加庭审，将仲裁过程向第三方公开，除非当事人反对。经过对比可以看到以上两个条文的明显区别，DSU 中允许公开审议过程的权利和主动性在争端当事方，专家组并无权决定，而根据《ICSID 仲裁规则》，仲裁庭有权决定第三方参与，同时当事方有反对的权利。ICSID 在庭审过程方面的透明度明显高于 WTO 争端解决机制，值得WTO 争端解决机制借鉴。

与此同时，WTO 争端解决机制中的透明度也有值得国际投资仲裁借鉴之处，具体分析如下：

首先，对于仲裁裁决方面的透明程度，投资仲裁可向 WTO 借鉴。WTO 的专家组报告经过 DSU 通过后，就由秘书处在 WTO 官方网站公布，供公众查阅；而投资仲裁中仲裁裁决如果不经过争端双方的同意，仲裁庭就无权对其进行公布。明显，ICSID 投资仲裁对争议解决结果的公开程度低于 WTO 争端解决机制。为了进一步增强透明度，笔者认为，其可借鉴 WTO 争端解决机制中对解决结果的公开方式和相关时间限制：在公开方式方面，设立一个统一而固定的公开网站，只要有网络，全球各个角落的主体都可以快速、便捷地得知争端解决结果。在时间限制方面，规定仲裁裁决在多少日内公开，因为任何信息都有时效性，只有公开及时，公众的关注才有意义。

其次，在程序中文件的公开方面，投资仲裁可以借鉴 WTO 中的文件散发和解除限制的程序。决定中提到，对 WTO 文件要做无限定范围的散发，除了附录中列出的属于限定范围散发的文件。对于属于限定范围散发的文件，应在通过与其主题事项有关的报告或决定后解除限制，或在其散发之日后 6 个月考虑接触限制，以在先的时间为准。① 这项规定增强了 WTO 争端解决机制中相关文件的透明度，并且对秘密文件也可以散发，只是规定了散发时间限制，值得投资仲裁借鉴。

再次，DSU 规定不妨碍任何争端方向公众披露有关自身立场的陈述，如一争端方向专家组提交其书面陈述的保密版本，则应任一成员请求，该争端方还应提供一份其书面陈述所含信息的可对外公布的非机密摘要。这一点也值得国际投资仲裁透明度借鉴，在国际投资争端仲裁中，对于双方提交的书面文件透明度的现行实践是经当事方同意公开，笔者认为，以后的 ICSID 和 NAFTA

---

① 索必成译：《WTO 争端解决程序》，法律出版社 2003 年版，第 108 页。

改革中可以增加如下规定，对于当事方不同意公开的文件，可以要求当事方提交可对外公开的非机密版本，争取最大限度的透明度。

最后，根据目前阶段的实践，WTO 专家组和投资仲裁的仲裁庭在接受法庭之友书面意见后，对书面意见涉及哪些内容，为书面意见作出了哪些考虑，如何发挥书面意见的作用都缺乏解释。为了实现最大程度的透明度，专家组和仲裁庭应该做出相应的努力：比方说，在专家组报告和仲裁裁决中明确法庭之友书面意见中的主要争议点，为何接受或不接受这个观点，接受后如何运用，法庭之友的意见使其接触到哪些新的事实和法律问题，使得提交书面意见的非政府组织或利益团体明确它们的参与能给争端解决的结果带来哪些影响。这样也能使得法庭之友的参与更具可预见性和一致性。

另外，对于 WTO 争端解决或投资仲裁中公开的庭审过程，可以引入当下流行的网络直播的方式，使世界各地感兴趣的、关注案件的公众能够及时了解庭审情况。这项技术现在已经非常普遍，并且能非常高效地提高透明度。

总而言之，笔者赞同在保密性条款前提下的全面的透明度。

本 章 小 结

GATT 的争端解决机制在很大程度上借鉴了国际商事仲裁的特点，而国际商事仲裁至今保持着其保密性，因此从这个层面讲 GATT 争端解决机制的保密性是与生俱来的、是在所难免的。虽然 GATT 的专家组裁决报告最后是公之于众的，但争端解决的整个程序和磋商过程都对民众和非政府组织进行完全保密。这种情况在 GATT 晚年的实践中开始出现争议。因此，有些成员国开始呼吁增强 WTO 运作机制中的透明度，尤其是争端解决机制中的透明度。同时，成员国以外的组织也开始进行类似的呼吁，特别是一些与处理环境和劳工权利有关的非政府组织。他们认为，增强开放性、在更广泛的权利范围内增进对话，可以使争端解决过程更公平、更高效。增强透明度也可以为非政府组织和一些私人团体在 WTO 运作体系中赋予一定的角色，使其发挥积极的作用。

WTO 争端解决机构最初收到的两起主动提交法庭之友书面意见的案件，都是涉及保护成员国领土内公共健康，保护公共安全和保护环境的案件，这两个案件分别是美国汽油标准案和美欧荷尔蒙案。美国汽油标准案是 WTO 的第一案，并且涉及保护环境的问题，因此受到很多关注。专家组在两个案子中均选择了无视法庭之友提交的书面意见，而是认为非政府组织应该将其意见提交给争端当事国政府考虑。WTO 接受法庭之友意见的典型案件是美国海虾案和美国钢铁案。其中，美国海虾案的上诉机构确认了专家组享有接受法庭之友书面意见的自由裁量权，并对上诉程序中附加在美国上诉报告中的法庭之友意见予以考虑，但对未附加的部分没有考虑，且没有明确说明予以考虑的法律依据。在美国钢铁案中，上诉机构为其接受法庭之友陈述找到法律依据，即 DSU 第 17 条。

第五章　投资仲裁中透明度的新发展和启示

在国际上出现丰富的实践案例的同时，联合国在 2013 年和 2014 年相继通过《投资人与国家间基于条约仲裁透明度规则》和《联合国投资人与国家间给予条约仲裁透明度公约》。虽然目前对第三方参与投资仲裁仍有非议，但不可否认国际投资中才中的透明度改革是大势所趋，值得中国关注并从中得到启示。

第一节　投资仲裁中透明度的新发展

一、《投资人与国家间基于条约仲裁透明度规则》

联合国国际贸易法委员会（UNCITRAL，以下简称联合国贸法会）于 2013 年 7 月通过了《投资人与国家间基于条约仲裁透明度规则》(*The UNCITRAL Rules on Transparency in Treaty-based Investor-State Arbitration*，以下简称《透明度规则》)，该规则已于 2014 年 4 月 1 日生效①。联合国贸法会自 2010 年起就开始推进关于国际投资仲裁透明度改革的相关工作。《透明度规则》全文共 8 条，提供了一套全面的程序规则，规定了投资人与国家间基于条约仲裁的透明度和向公众开放的可能性②。

该《透明度公约》与《透明度规则》将共同为提升国际投资仲裁的透明度提供灵活有效的机制，从而更好地平衡东道国政府与投资者各方利益③，使公众和社会对可能影响公共利益的国际投资仲裁有更全面的了解，加强国际社会对国际投资仲裁程序和裁决的监督，开启了国际投资仲裁改革的良好开端，但同

---

① "联合国国际贸易法委员会第四十六届会议决议"，http：//www.uncitral.org/uncitral/zh/uncitral_texts/arbitration/2014Transparency.html.

② 赵骏，刘芸：《国际投资仲裁透明度改革及我国的应对》，载《浙江大学学报（人文社会科学版）》2014 年第 3 期。

③ 余劲松：《国际投资条约仲裁中投资者与东道国权益保护平衡问题研究》，载《中国法学》2011 年第 2 期。

时也对传统国际商事仲裁保密性基本原则构成了冲击。其中的要点主要是以下几个方面：

第一是启动仲裁程序的公告，指定一个机构作为信息存储处，争端双方都有义务将仲裁通知书的副本提交给存储处，存储处收到通知书副本后，应立刻向社会公布，包括争端当事人的具体情况、提起仲裁的依据等，使公众能够及时得知仲裁的相关信息并开始持续关注。

第二是对法庭之友的书面陈述，这个概念在《透明度规则》中被称为"第三方提交材料"。法庭之友提交材料要先申请，提交的材料要简洁，不超过页数限制，在争端事项范围内阐明立场。

第三是文件的公布，仲裁庭要将争端双方的申请书、答辩书、备忘录、相关证据材料、冲裁裁决等，均向公众公布。

第四是庭审过程的公开，透明度规则中规定，庭审过程要公开，仲裁庭要本着方便公众列席的原则，进行制度安排，比方说引入视频链接等。

《透明度规则》同时也有一个保密条款，明确了何为保密信息，主要是商业机密、根据投资条约和协定不得披露的信息、根据当事方的申请不得披露的信息、一旦公开会影响法律执行的信息。

从上述各规定可以看出，国际投资仲裁过程及其结果几近完全公开透明（机密信息和受保护信息除外），而且信息存储处等规定是历史性创新。公众知情权在该仲裁领域将得到贯彻落实，与仲裁有利益关系的第三人在仲裁庭允许下也可以提交材料，陈述事实和表达意见。这些在普通的国际商事仲裁中是不可想象的。

《透明度规则》生效后，许多国家对其表示接受和拥护，并在其签订的条约中适用此规则或参照此规则制定条款，来解决投资者和国家间的争议。根据贸易法委员会网站上提供的一份 2014 年 4 月 1 日以后订立的投资条约的不完全清单，目前为止这种条约已经有 60 多个，分别是 2014 年 12 月 12 日生效的《大韩民国政府与澳大利亚政府间的自由贸易协议》、2014 年 5 月 6 日签署的《加拿大与尼日利亚联邦共和国间的保护和促进投资协议》、2015 年 5 月 29 日签署的《欧亚经济联盟—越南对外贸易协会》、2016 年 2 月 10 日签署的《中华人民共和国香港特别行政区政府与加拿大政府间的促进和保护投资协议》等。① 其中较多涉及的国家是加拿大、日本，由此可以看出加拿大和日本对国际投资

---

① 《贸易法委员会投资人与国家间基于条约仲裁透明度规则》，http：//www. uncitral. org/uncitral/zh/uncitral_texts/arbitration/2014Transparency_Rules_status. html.

仲裁透明度的支持态度。可以预测，此后将有越来越多的国家和地区参考《透明度规则》制定条约，投资仲裁的透明度成为大势所趋。

二、《联合国投资人与国家间基于条约透明度公约》

为使《透明度规则》适用于现行国际投资条约，联合国大会又于 2014 年 12 月 10 日通过了《联合国投资人与国家间基于条约透明度公约》(*The Convention on Transparency in Treaty-based Investor-State Arbitration*，以下简称《透明度公约》)①，同时决定于 2015 年 3 月 17 日在毛里求斯路易港举行公约的开放签署仪式。2015 年 1 月 29 日，欧委会倡议欧盟及其成员国要毫不延迟地签署该《透明度公约》，以表明欧盟在推动国际投资仲裁透明度方面的决心。但截至 2017 年 3 月，只有美国、比利时、加拿大、刚果、芬兰、法国、加蓬、德国、以色列、意大利、卢森堡、马达加斯加、毛里求斯、荷兰、瑞典、瑞士、阿拉伯叙利亚共和国、大不列颠北爱尔兰联合王国共 23 个国家签字，且只有毛里求斯、加拿大等正式批准加入。② 由于缔约方较少，因此其影响有待进一步观察和研究。

第二节　对中国的启示

一、中国要关注透明度的原因

在 2010 年贸法会第二工作组发布的《投资人与国家之间以条约为基础的仲裁的透明度各国政府的评议汇编》中，中国政府的评议为，中国明确表示了反对在华盛顿公约中加入透明度条款、反对透明度改革。理由是自中国 1992 年加入《华盛顿公约》到 2010 年，中国还没有过投资仲裁的相关实践、缺乏实践经验，并且中国参与缔结的投资条约和双边协定中均没有透明度条款。因此，中国对法庭之友提交书面意见、庭审过程的公开等持反对意见，

---

① "联合国第六十九届会议 2014 年 12 月 10 日大会决议"，http：//www.uncitral.org/pdf/chinese/texts/arbitration/transparency-convention/A-RES-69-116-c.pdf.

② Status, United Nations Convention on Transparency in Treaty-based Investor-State Arbitration. http：//www.uncitral.org/uncitral/en/uncitral_texts/arbitration/2014Transparency_Convention_status.html.

坚持仲裁的保密性。① 由此可见，在 2010 年，中国对国际投资仲裁的第三方参与问题持否定态度。可是时至今日，中国再以"目前尚没有投资人与国家之间以条约为基础的仲裁的实践"为由全盘否定透明度，就行不通了。首先，2011 年和 2014 年，分别发生了伊桂兰诉中国政府案和韩国安城公司诉中国政府案，中国已经开始作为投资东道国涉足投资仲裁。其次，随着"一带一路"倡议的提出，中国的对外开放又将进入一个新的阶段，中国政府将越来越主动地进行对外投资，也不可避免地会面对更多的投资纠纷，在这种情况下，中国不得不对透明度问题进行关注。最后，中国正处于与美国和欧洲的 BIT 谈判中，而美国和欧洲都是国际投资仲裁透明度的拥护国，因此在谈判中难以避免透明度问题，增强对透明度本身的关注，才能做到知己知彼，百战不殆。

(一)"一带一路"倡议

进入 21 世纪以来，中国和金砖国家经济迅速崛起，次贷危机引发了全球性金融危机的爆发，欧债危机还在继续。这表明，传统的国际经济贸易规则在某种程度上已经不能应对国际经济格局，其调整功能已在一定程度上失灵。因此，WTO 启动了多哈回合谈判，企图扭转这一局面，经过多年努力，《贸易便利化协定》出台，但是，其他方面仍进展缓慢。美国、欧盟日本等国家和经济体开始另起炉灶，在 WTO 框架外开始了新的国际贸易规则的谈判和签订。它们就是《跨太平洋伙伴关系协定》(*Trans Pacific Partnership Agreement*，TPP)、《跨大西洋贸易与投资伙伴协定》(*Transatlantic Trade and Investment Partnership*，TTIP)、《服务贸易协定》(*Trade in Service Agreement*，TISA)、《加拿大—欧盟全面经济贸易协议》(*The Comprehensive Economic and Trade Agreement*，CETA)。然而，这些都是发达国家主导下制定的游戏规则，其要么在规则上设定了让中国等发展中国家难以接受的高门槛，要么就是在谈判阶段就将中国等新兴经济体拒之门外。这是对中国等发展中国家非常不利的局面。作为一个新崛起的最大新兴经济体和发展中大国，中国必须要有所作为，在这样的背景下中国制定了自己的国家发展战略，那就是加强区域经济一体化合作，用实际行动在新的国际经济贸易规则创制中提高中国的话语权。在区域经济一体化合作方面，中国提出了亚太自由贸易区(Free Trade Area of the Asia-Pacific，FTAAP)构想。在国际经济贸易规则创制上，中国提倡并主导了金砖国家开发银行(BRICS

---

① 《投资人与国家之间以条约为基础的仲裁的透明度各国政府的评议汇编》，http：//documents-dds-ny. un. org/doc/UNDOC/LTD/V10/555/88/PDF/V1055588. pdf.

Development Bank)、亚洲基础设施开发银行(Asian Infrastructure Investment Bank),并在 2015 年取得突破性进展。而具体的战略突破口和突破地理方向也终于在最近两年明确起来,一个是西部路上方向,另一个是南部海上方向。2013 年 9 月 7 日,习近平提出了"一带一路"的构想。这是继改革开放后的又一伟大构想,具有跨时代的意义:

其一,"一带一路"倡议有利于进一步改革开放、促进产业结构升级。自从 1978 年以来,中国进入了改革开放的新时期,东南沿海地区的经济飞速发展,特别是在一些经济特区,然而中西部的经济相对落后。这就造成了区域经济差距大,巨大的贫富差距对社会稳定和和谐社会的构建都非常不利。"一带一路"倡议有利于妥善解决这个问题。"带"的起点是西部地区,一定会对中西部地区的经济发展有很大的带动作用。将东中西连成一片,东部带动西部的同时,西部实现内部发力,而不再是过去的中西部和东部分别发展的状态。

其二,"一带一路"倡议有利于促进经济转型。在改革开放之前和改革开放初期,中国经济实力相对较弱,因此对外资有很强的依赖性。然而,中国引进外资后,主要是发展一些代加工等发挥劳动力优势的行业,科技水平、创造力依然低下。因此中国经济面临产业升级。现在,经过的经济已经开始从"引进来"慢慢开始对外投资,成为资本输出国。据统计,2016 年,中国对外直接投资为 1459.6 亿美元,已经突破了千亿美元。而同期外资使用金额是 1039.1 亿美元,中国首次已经成为资本净输出国。① "一带一路"倡议能促进中国过剩产能输出,为经济的升级丰厚物质奠定基础。

其三,"一带一路"倡议更有利于发挥中国的优势。早期中国经济发展依赖于发达国家,造成中国经济发展的局限,通过"一带一路"倡议,中国可以发挥基础建设方面的优势,比方说中国高铁的推广高速路的建设等,技能升级产业,又能提高在国际上经济地位,增强经济实力。

第四,"一带一路"倡议顺应了与周边国家进行经济合作的需要。2001 年,中国加入了 WTO,成为世界贸易组织的成员。这对中国来说是把双刃剑,既是机遇,又是挑战,给中国的经济发展状况带来了巨大改变。可以说,加入WTO 后,很多国家对中国的贸易壁垒和贸易限制减少。"一带一路"倡议也和中国自由贸易的实践相配合,共同发挥优势,目前我国已经签署自由贸易协定

---

① 中华人民共和国商务部,中国经济简明统计,http://data.mofcom.gov.cn/channel/dwjjhz/dwjjhz.shtml.

18 个，涉及 29 个国家和地区。① 在建的自由贸易区中，大部分是处于"一带一路"倡议沿线上。因此，中国的自由贸易区战略必将随着"一带一路"倡议的实施而得到落实和发展。

我们知道沿"带"沿"路"的一些发展中国家还是比较愿意接受我们的投资，但由于其中一些国家政局并不是十分稳定，不同党派之间的理念差别很大，一旦一个党派下台，就会改变过去的对外政策，这必将给我国在这些国家的投资带来巨大风险。也就是说，"一带一路"倡议在给中国带来良好发展机遇的同时，也伴随着一些挑战，比方投资争端的增多。以往，中国更多地作为投资东道国，但随着中国经济实力的增强和对外开放、"一带一路"倡议的实施，中国将越来越多地作为投资者母国出现在国际投资仲裁的舞台。面对这种角色的转换，中国应该做好准备，但显而易见的是，中国在这方面经验严重不足。因此，中国要对投资争端解决机制给予更多重视，对国际投资仲裁的透明度改革进程给予更多重视。

(二) 中欧 BIT 谈判

中欧 BIT 自 2013 年 11 月开始启动谈判，2020 年 3 月，中欧双方举行了第 27 轮谈判，中欧对签署协定都有很强的意愿。欧盟与加拿大的全面经济贸易协议(CETA)中详细约定了投资仲裁透明度，CETA 是最早适用《UNCITRAL 透明度规则》的自由贸易协定之一。其透明度内容包括在联合国网站上公开所有的文件，包括当事人提交的文件、仲裁庭的决定等；开放所有的审理程序；非政府环保组织等相关利益方可以提交法庭之友意见。② 以上增强透明度的措施是硬性规定，即便争端双方也无权否定。③ 而在以往的国际投资仲裁实践中，第三方要求获得当事方提交的材料或者参加庭审过程的请求，通常是被拒绝的。

总而言之，透明度问题必将成为中欧 BIT 谈判中难以避免的议题。

(三) 近年来涉及中国的投资仲裁案件增多

近年来，随着中国经济开放程度的提高，无论是中国作为被申请人还是中

---

① 中国自由贸易区服务网，http：//fta. mofcom. gov. cn/Australia/australia_agreement Text. shtml.

② Article 8. 36 of CETA.

③ Investment provisions in the EU-Canada free trade agreement, available at http：//trade. ec. europa. eu/doclib/docs/2013/november/tradoc_151918. pdf.

国投资者作为申请人的案件都开始涌现，并呈现增多的趋势。

1. 中国政府作为被申请人的案件

中国政府第一次作为被申请人的投资仲裁案是"伊桂兰公司诉中华人民共和国仲裁案"①，由解决投资争端国际中心秘书处于 2011 年 5 月 24 日登记。争端的起因是，伊桂兰公司在海南设立的子公司，在超过 900 公顷的土地上有 70 年的租期，而政府撤销了申请人的子公司租赁权。伊桂兰是马来西亚的一家公司，因此此争议的法律基础是 1995 年中国—以色列双边投资协定和 1988 年中国—马来西亚双边投资协定，适用的规则是《ICSID 仲裁规则》。2013 年 2 月 16 日，争端双方就中止达成了协议仲裁庭根据《ICSID 仲裁规则》第 43(1)②作出了中止程序的决定。由于中心官方网站披露信息有限，我们可以获知的关于本案的情况仅限于此。但是，中国第一次作为被申请方出现在 ICSID 舞台上，已经具有里程碑式的重要意义，也足以为我们敲响警钟，提醒我们增强对此争端解决方式的重视。

"韩国安城公司诉中华人民共和国案"是中国政府第二次作为被申请方进入仲裁阶段的国际投资争端。③ 2014 年 11 月 4 日，韩国安城公司在 ICSID 对中华人民共和国提起投资争议仲裁，ICSID 案号为 No. ARB/14/25。起因是申请人安城公司与江苏省射阳县相关部门签订合同，意欲投资 1500 万美元在当地建设高尔夫俱乐部，地方政府承诺分两期提供 3000 亩地给申请人，并许诺不知周围地块给其他公司颁发高尔夫许可。申请人一期 1500 亩球场建成后，当地政府没有提供许诺的另外 1500 亩的土地，且未阻止其他公司在周围建高尔夫球场。申请人认为中国省级政府的这一行政行为阻碍了其投资，使其无法完成预期收益，2011 年 10 月，申请人将球场低价转让，从中国撤资。2014 年 5 月申请人递交仲裁申请书，仲裁适用的法律是 2007 年《中华人民共和国政府和大韩民国政府关于促进和保护投资的协定》。④ 2016 年 9 月 2 日，仲裁庭组建完成，2016 年 9 月 15 日，被申请人以《ICSID 仲裁规则》第 41 条为由提出管

---

①　See Ekran Berhad v. People's Republic of China（ICSID Case No. ARB/11/15）.

②　如在裁决作出前，当事者就解决争议或就中止仲裁达成协议，仲裁庭或秘书长（如仲裁庭还未成立）应依双方当事者之书面请求，作出中止仲裁之裁定书。

③　See Ansung Housing Co. , Ltd. V. People's Republic of China（ICSID Case No. ARB/14/5）.

④　根据此协定第 9 条第 7 款，尽管存在本条第三款的规定，如果从投资者首次知道或者应该知道其受到损失或损害之日起已经超过三年，则投资者不能根据本条第三款提起请求。

辖权异议，认为争议不属于中心管辖范围也不属于仲裁庭职权范围，因为申请人应该在 2011 年 10 月转让球场之时就意识到损失，而到立案时 2014 年 11 月 4 日已经超过了三年诉讼时效。而申请人提出，其在 2011 年 12 月完成股权转让之时才意识到损失，且诉讼期限的终止日应该是向中国政府发出仲裁意向通知的日期，也就是 2014 年 5 月，还没有超过三年诉讼时效。至 2017 年 2 月 15 日，仲裁庭在听取中国根据《ICSID 仲裁规则》第 41(5) 条管辖权异议程序提出的初步反对意见的两个月后，就韩国安城诉中国政府案宣布结案。2017 年 3 月 9 日，仲裁庭发布仲裁裁决，驳回安城公司的仲裁请求。

仲裁庭作出此决定的理由有二，首先，对于三年期限的起始日，安城公司在其申请书中提到，"为了避免更多的损失，2011 年 10 月，被迫处置在射阳县的整个投资。安城公司以明显低于投资价值的价格将其股权出售给了一家中国公司"。由此可知安城公司在 2011 年 10 月之前就意识到了损失，因此，应该以 2011 年 10 月作为诉讼时效的起始日期。对于三年期限的截止日期，仲裁庭认为，三年期限的截止日应该是申请人向仲裁庭提出仲裁请求、递交仲裁申请的日期(2014 年 10 月 7 日)，而不是安城公司认为的向中国政府发出仲裁意向书的日期(2014 年 5 月)。对中国政府提出的截止日期是仲裁庭立案日期的观点也是没有法律依据的。因此仲裁庭认为，申请人意识到损失在 2011 年 10 月之前，而提交仲裁申请书的日期是 2014 年 10 月 7 日，已经超过三年诉讼时效。韩国公司的另一抗辩理由是，中国与大多数国家签订的 BIT 中都没有诉讼时效条款，因此根据中韩 BIT 第 3 条的最惠国待遇原则，此争端也不应适用三年期限。中国认为最惠国待遇条款规定"在投资和商业行为方面，包括投资准入上，每个缔约方将在其领土上给予缔约另一方投资者、他们的投资及由缔约另一方投资者做出的投资相关的活动不低于类似条件下其给予任何第三国投资者、他们的投资及与投资相关活动的待遇"适用于"投资和商业行为"，并不适用于争端解决。仲裁庭支持了此观点并最终裁决驳回安城公司的全部诉讼请求。

中国政府第三次作为被申请人的国际投资仲裁案是 2017 年的德国海勒公司诉中国政府案，中国政府第四次作为被申请人的国际投资仲裁案是 2020 年的日本宏达公司诉中国政府案，目前这两案均处于未决状态。

2. 中国企业作为申请人的案件

第一个中国投资者作为申请人的投资仲裁案件是香港居民谢业申诉秘鲁

政府案。① TSG 是一家以收购和出口鱼粉为主要业务的秘鲁公司,其主要市场在亚洲且经营始于 2002 年,2002 年到 2004 年间,TSG 公司成为了秘鲁前十二大的鱼粉出口商,每年销售额大于 2000 万美元。而中国香港居民谢业申拥有其 90% 的股权。2004 年,秘鲁的税收主管机关(简称 SUNAT),开始在 TSG 公司的配合下对其进行审计。审计源于 TSG 公司在经营前两年的退税请求,这种审计是司空见惯、合情合理的。在审计期间,SUNAT 得出的结论是,TSG 的财务报表没有正确地反映原材料的价值。因此,SUNAT 根据笔录税法,在分析时基于"假定基数"而不是基于 TSG 公司的报表和记录。在这个基础上,SUNAT 认为 TSG 公司少报了销售总量。因此,SUNAT 对 TSG 进行了总额近1000 万秘鲁币的补征税款和罚款。审计过后,SUNAT 开始在秘鲁法律的允许下,对 TSG 施行临时措施,要求秘鲁银行冻结进入 TSG 账户的一切资金。在秘鲁,这些临时措施是合法的,并且是当纳税人不配合时(比方说不进行信息披露),为了确保纳税人补齐税款和罚金采取的"特殊措施"。SUNAT 指出,采取临时措施是基于 TSG 公司的"不合规行为",而这项不合规行为,是其税务报表没有精确反映其销售额。此外,SUNAT 的执行部门在实施临时措施时,并没有要求审计人员提供其他额外的信息。TSG 通过行政和司法程序对SUNAT 的审计决定和临时措施提出质疑,要求 SUNAT 解除临时措施,因为SUNAT 没有适当调整此措施。SUNAT 拒绝了此要求,但降低了需要补缴税费的数目。TSG 公司也在财政法庭控诉了此项措施,但是财政法庭确认了临时措施合法,只是将税费和罚款金额确定为 300 万秘鲁币,并要求 SUNAT 重新计算相关数目。SUNAT 的临时措施实施后,TSG 多次不能通过秘鲁银行进行交易,伴随而来的是销售急剧下降,2005 年 3 月,TSG 开始了债务重组,债务重组使得临时措施得以暂停并使得 TSG 开始可以继续运作。拥有 TSG 公司90% 股份的谢业申开始作为申请人,向 ICSID 提起投资仲裁,理由是 SUNAT的审计决定和临时措施构成了对其投资不合理的间接征收,违反了《秘鲁—中国双边投资协定》,谢业申寻求的赔偿包括现金流损失、精神损害、加上利息、费用和成本,共计 2500 万美元。2009 年 6 月 19 日,仲裁庭确认了其对此案件的管辖权,认为谢业申在 TSG 公司的股权构成了两国双边投资协定中的投资,并且仲裁庭对征收征用事项有管辖权。本案争议的焦点如下:其一,SUNAT 的审计是否构成对谢业申投资的间接征收。仲裁庭认为,对 TSG 的审计是基于 TSG 早年的退税请求,考虑到一个国家政府行事正常的监管权力,

---

① See Tza Yap Shum v. Republic of Peru (ICSID Case No. ARB/07/6).

SUNAT 的行为并不能构成征收。其二，SUNAT 实施的临时措施是否构成对谢业申投资的间接征收。仲裁庭认为，SUNAT 的临时措施对秘鲁银行具有约束力，临时措施阻碍了 TSG 在秘鲁银行的交易。鉴于 TSG 对秘鲁银行的依赖程度，这项临时措施的执行对 TSG 的运作造成了严重的、实质性的影响。仲裁庭认为，通过 SUNAT 掌握的信息，其应该知道这项临时措施会对 TSG 的运作造成重大打击。仲裁庭同时提到，临时措施以后，TSG 的销售额从 8000 万跌到 340 万。因此，仲裁庭将此案例和 LG&E Energy Corp. v. Republic of Argentina (ICSID Case No. ARB/01/I) 作出了区分。被申请人辩解道，TSG 的破产重组导致了临时措施的暂停，因此其临时措施构不成对申请人的征收。仲裁庭认为，虽然 SUNAT 的临时措施实施了一年，但其影响又延续了两年，虽然重组过程导致了临时措施的暂停并使 TSG 能回复在秘鲁银行的交易，但 TSG 只能在 2006 年 6 月重组完成后才能恢复在银行的正常交易。仲裁庭进一步认为，在那种情形下，重组是 TSG 能作出的正常的、合理的选择。因此，仲裁庭认为，SUNAT 实施的临时措施构成了对谢业申投资的间接征收。其三，对征收的适当补偿是什么？关于赔偿，双方都认为这个数目应该基于 TSG 的价值，但是双方在如何衡量公司价值上出现分歧。谢业申认为应该基于 TSG 的贴现现金流来衡量，但秘鲁政府认为应当根据公司的账面价值来衡量。仲裁庭拒绝了仲裁庭的请求，因为其认为 TSG 经营的原本就是一个高风险行业，在 SUNAT 实施临时措施前，TSG 已经开始在逐渐丧失市场份额。因此仲裁庭认为，秘鲁政府对于谢业申的赔偿应给予 TSG 公司的账面价值。2011 年 7 月 7 日，仲裁庭做出仲裁裁决，由秘鲁政府赔偿谢业申 786306.24 美元加利息，没有精神损失赔偿且双方各自承担仲裁费用。① 2001 年 11 月 9 日，秘鲁共和国提出要求撤销仲裁裁决的申请。2012 年 1 月 11 日，根据《ICSID 仲裁规则》第 52(2) 条②，临时委员会成立。2015 年，临时委员会作出决定，驳回了秘鲁共和国的撤销申请。③

第二个中国投资者作为申请人的投资仲裁案件是渣打银行(香港)有限公

---

① Summary of Award (from International Arbitration Case Law, IACL). http：//www. italaw. com/sites/default/files/case-documents/ita0882. pdf.

② 《ICSID 仲裁规则》第 52 条规定，(一)秘书长准予撤销裁决申请书登记后，应立即请求行政理事会主席依公约第 52 条第 3 款任命一个临时委员会。(二)秘书长通知双方当事者全体委员会成员均已接受任命之日，应视为委员会已经成立。在委员会第一次会议之前或会上，各成员应按照规则之第 2 款之规定，签署声明书。

③ Decision on Annulment. http：//www. italaw. com/cases/1126.

司诉坦桑尼亚供电公司案。① 此案中，申请人渣打银行(香港)是渣打银行在香港的子公司，其于 2010 年 10 月 1 日提起仲裁，被申请人坦桑尼亚供电公司是坦桑尼亚政府完全控股的一家国有企业，争端起源于 1995 年坦桑尼亚供电公司和坦桑尼亚独立公司签署的一份供电协议(PPA)，但此协议签署后，独立电力公司的供电量一直远低于合同标准。2004 年国家电力起诉独立电力公司，要求其退还部分款项。根据法院建议，2007 年双方同意将争议款项 2.7 亿美元存入坦桑尼亚中央银行第三方托管账户，并以争议解决作为支付条件。2010 年 8 月，争议尚未解决，但坦桑尼亚银行将该账户中 1.2 亿美元放贷给坦桑尼亚供电公司，用于购买坦桑尼亚独立电力公司 70% 的股份。而此前，独立电力公司已于 2009 年因还贷困难进入被清算程序，并被香港渣打银行收购。香港渣打银行得知账务资金的变动之后，将坦桑尼亚电力公司告上了国际投资争端解决中心。2016 年 9 月 12 日，仲裁庭作出仲裁裁决，坦桑尼亚供电公司应支付给渣打银行香港子公司 1.484 亿美元及相应的利息。

　　第三个中国投资者作为申请人的投资仲裁案件是"中国平安诉比利时政府投资仲裁案"。② 此案被誉为中国企业投资仲裁第一案。2007 年至 2008 年期间，中国平安以约 240 亿元人民币收购富通(Fortis，荷兰、比利时合资银行保险公司)4.99% 股权，成为中国保险行业在海外的最大投资。2008 年金融危机爆发后，富通蒙受巨大损失，即便遭到平安等股东反对，富通仍然被比利时政府国有化。在 2009 年 4 月，平安调整策略，将主要诉求由反对富通国有化，转为要求比利时政府因不当国有化行为给平安造成的损失进行一定的补偿。经过双方交涉无果，中国平安于 2012 年 9 月 19 日向 ICSID 提起仲裁。仲裁的法律基础是《华盛顿公约》、1986 年《中华人民共和国政府和比利时—卢森堡经济联盟关于相互鼓励和保护投资协定》(以下简称 1986 年 BIT)和 2009 年《中华人民共和国政府和比利时—卢森堡经济联盟关于相互鼓励和保护投资协定》(以下简称 2009 年 BIT)，仲裁适用的规则是《ICSID 仲裁规则》。2013 年 2 月 26 日，根据《ICSID 仲裁规则》第 6(1)条，仲裁庭组建完成；2013 年 12 月 20 日，被申请人提交管辖权异议，2015 年 4 月 30 日，仲裁庭宣布程序终止并作出裁

---

① See Standard Chartered Bank (Hong Kong) Limited v. Tanzania Electric Supply Company Limited(ICSID Case No. ARB/10/20).

② See Ping An Life Insurance Company of China, Limited and Ping An Insurance (Group) Company of China, Limited v. Kingdom of Belgium(ICSID Case No. ARB/12/29).

决。本案的焦点在于两个 BIT 的适用，即 1986 年 BIT 和 2009 年 BIT。中国平安作为申请人，以 1986 年 BIT 作为其实体权利的依据，而以 2009 年 BIT 作为中心仲裁庭管辖权的依据。中国平安投资富通以及富通被征收国有化及索赔交涉，发生在 2007—2009 年期间，2009 年 BIT 已经签订但未生效（2009 年 12 月 1 日生效），据此看来，中国平安应适用 1986 年 BIT。然而根据 1986 年 BIT 第 10 条①和第 6 条②可以看出，1986 年 BIT 并没有规定将争议提交 ICSID 仲裁解决，只是规定了提交斯德哥尔摩仲裁院进行国际仲裁，可以参考《ICSID 仲裁规则》。③ 也就是说，根据 1986 年 BIT，ICSID 对此案件没有管辖权。那么 2009 年 BIT 能否作为管辖权依据？新约中与管辖相关的两个重要条款为第 10(2) 条④和第 8(2) 条⑤。根据这个条款，中心管辖的案件有两类，第一类是协定生效后的纠纷，第二类是协定生效前的纠纷，但在新约生效前没有进入司法程序或仲裁程序。平安持此观点，但是仲裁庭认为，本案的情况属于对已经通知但未成熟到可以进入司法或仲裁程序的争议，而 2009 年协定没有对此作出

---

① 1986 年 BIT 第 10 条规定："一、有关投资的任何争议将由缔约一方投资者向缔约另一方提出书面通知，并附有详细的备忘录。争议应在尊重接受投资缔约一方法律和法规的前提下尽可能友好解决。二、本条第一款所述的争议受投资所在国的司法管辖。三、作为第二款的例外，在本条第一款所述的书面通知之日起六个月内未能友好解决时，有关征收、国有化或其他类似措施的补偿额的争议，可按投资者的选择：（一）或提交接受投资缔约一方国内司法解决；（二）或直接提交国际仲裁，而不诉诸其他任何手段。"

② 1986 年 BIT 议定书第 6 条规定："一、根据"协定"第十条第三款，关于征收、国有化或其他类似措施的补偿额的争议可以提交仲裁庭。二、仲裁庭按每项争议案，以下述方式组成：争议双方各任命一名仲裁员。该两名仲裁员推举一名与缔约双方均有外交关系的第三国国民为第三名仲裁员。该第三名仲裁员应为首席仲裁员。前两名仲裁员应最迟在争议一方书面通知另一方要求仲裁后两个月内任命，首席仲裁员则在四个月内推举。如在上述期限内仲裁庭尚未组成，争议各方均可提请斯德哥尔摩商会仲裁院院长任命尚缺的仲裁员。"

③ 《中华人民共和国政府和比利时—卢森堡经济联盟关于相互鼓励和保护投资协定的议定书》，第 6 条。

④ 2009 年 BIT 第 10(2) 条规定"本条约适用于一方投资者在另一方领土之内的所有投资，无论该投资是否在本条约生效之前还是之后作出，但不适用于在本条约生效前已进入司法或仲裁程序的与投资有关的任何争议或索偿。此等争议或索偿应继续按照旧约的规定解决"。

⑤ 2009 年 BIT 第 8(2) 条规定："如果争议（legal dispute）未能在送达通知后的 6 个月内通过协商的方式解决，则投资者可选择（a）将争议提交与东道国法院进行诉讼；或（b）提交与 ICSID 进行仲裁。"

规定,因此不能适用新约。① 至于《华盛顿公约》第 8 条,仲裁庭则认为,本案管辖权的首要问题是条约解释问题,按照维也纳《华盛顿公约》第 31 条、第 32 条,对条约依其用语之通常意义、参照条约之目的及宗旨加以善意解释,并可参考条约之准备工作及缔约情况。仲裁庭认为"投资"不等同于"争议",新约适用于在其生效前作出的投资,但这并不必然意味着新约适用于其生效前发生的争议。对于后者,仲裁庭则认为,"arises"一词表明新约只针对未来发生的争议。如果新约意图适用于新约生效以前的争议的话,新约第 8.1 条中应该用"when a legal dispute arises or has arisen"这样的词语。② 基于以上原因,仲裁庭在 2015 年 4 月 30 日裁定其对此案件没有管辖权。

第四个中国投资者作为申请人的投资仲裁案件是"北京城建诉也门共和国案"。③ 2014 年 12 月 3 日,ICSID 受理了北京城建集团(以下简称"北京城建")向也门共和国提起的投资争议仲裁,案号为 ARB/14/30。本案中,作为也门萨那国际机场航站楼项目的承包人,北京城建依据 1998 年中国与也门共和国签订的双边投资协定主张其在也门的合同和资产受到强制征收。这是第一起中国承包商因在海外承包项目而提起的国际投资仲裁,该案具有里程碑意义。无论本案中申请人最终能否获得有效法律救济,都将对中国海外工程承包行业的诸多从业者产生巨大的影响。④ 2015 年 7 月 10 日,仲裁庭组建完成。2018 年 6 月 7 日,仲裁庭规定第 43.1 条,终止仲裁程序。

第五个中国投资者作为申请人的投资仲裁案件是"渣打银行诉坦桑尼亚政府案"。⑤ 2015 年 9 月 30 日,ICSID 受理了渣打银行香港子公司的申请,被申请人是坦桑尼亚政府,案号是 ARB/15/41。2019 年 10 月 11 日,仲裁庭作出仲裁裁决。

第六个中国投资者作为申请人的投资仲裁案件是 2017 年的世能公司诉老

---

① Award, 207. http://icsid. worldbank. org/ICSID/FrontServlet? requestType = Cases RH&actionVal = showDoc&docId = DC5912_En&caseId = C2463.

② Award, 224. http://icsid. worldbank. org/ICSID/FrontServlet? requestType = Cases RH&actionVal = showDoc&docId = DC5912_En&caseId = C2463.

③ See Beijing Urban Construction Group Co. Ltd. V. Republic of Yemen(ICSID Case No. ARB/14/30).

④ 韩宝庆:《海外承包工程争议适用 ICSID 仲裁的可行性分析》,载《国际经济合作》2015 年第 3 期,第 80 页。

⑤ Standard Chartered Bank(Hong Kong)Limited v. United Republic of Tanzania(ICSID Case No. ARB/15/41).

挝，目前此案处于未处决状态。

二、中国应当采取的应对措施

到目前为止，中国已经与世界上 100 多个国家和地区签订了双边或多边的投资保护协定或者自由贸易协定，其中大多规定了国际投资仲裁作为解决投资争议的任选方式。随着中国企业"走出去"和"一带一路"倡议的实施，可以预见，中国投资者与外国东道国政府之间投资争议仲裁案件甚至中国作为投资东道国的投资争议仲裁案件将越来越多。2016 年 10 月 26 日，深圳国际仲裁院（又名华南国际经济贸易仲裁委员会）举行了新规则发布会，发布了 2016 版《深圳国际仲裁院仲裁规则》《深圳国际仲裁院关于适用〈联合国国际贸易法委员会仲裁规则〉的程序指引》和《华南国际经济贸易仲裁委员会海事物流仲裁特别规则》。新的规则体系坚持三大原则，一是坚持以当事人为中心，二是加大国际化力度，三是加大市场化力度。同时，新规则体系在一些制度上进行了创新，其中的一大亮点便是将投资仲裁纳入了受理案件范围，这是中国第一个内地仲裁规则规定可以受理东道国政府与他国投资者之间的投资纠纷仲裁案件。深圳国际仲裁院地处珠三角，是中国"走出去"企业高度集中的地区，不少企业有此需求。为了公平保护海外投资相关各方的合法权益，经过深入的市场调研和专业研讨，在境内外法律界和工商界的建议下，在有关部门的鼓励下，深圳国际仲裁院新仲裁规则规定，可以受理投资仲裁案件，由此开始中国仲裁机构处理投资仲裁案件的尝试。

2016 年版《深圳国际仲裁院仲裁规则》第 2 条第（2）款规定："仲裁院受理一国政府与他国投资者之间的投资争议仲裁案件。"这意味着，深圳国际仲裁院受理案件范围除了传统的商事争议之外，同时还将东道国政府与他国投资者之间的投资仲裁纠纷也纳入了其中。这是在"一带一路"倡议背景下，听取大量"走出去"企业的意见，经仲裁院理事会充分讨论且在最高法院及其他有关部门的支持和鼓励下而作出的制度创新。另外，该规则的第三条第（五）款规定："当事人将第二条第（二）款投资仲裁案件交付仲裁院仲裁的，仲裁院按照《联合国国际贸易法委员会仲裁规则》及《深圳国际仲裁院关于适用〈联合国国际贸易法委员会仲裁规则〉的程序指引》管理案件。"这意味着，投资仲裁将适用深圳国际仲裁院新发布的程序指引和《联合国国际贸易法委员会仲裁规则》，不仅首开受理渠道，而且在规则适用上直接实现了对标国际。

深圳国际仲裁院开了这个先例，可以预见，在未来的若干年里，将有越来越多的中国仲裁机构将业务拓展到投资仲裁。因此，笔者认为，我们应该跟进国际透明度改革的步伐，改变对国际投资仲裁透明度的态度，同时也要注意投资仲裁透明度对传统商事仲裁的冲击。

(一)转变观念，构建符合中国实际的透明度规则体系

上文已经述及，不管是在投资条约中，还是在过去的投资实践中，都更加注重对投资者的保护，这往往会导致东道国国家主权和公共利益受损，导致投资者和投资东道国的利益失衡。国际投资仲裁透明度改革通过公布仲裁启动程序、允许法庭之友提交书面意见、允许第三方旁听开庭等方式，保证公众对涉及公共利益的事项的知情权和参与权，通过公众的介入，表达公众的诉求，维护公共利益，同时对仲裁庭起到监督作用，最终使仲裁结果更公正，兼顾投资者和东道国的利益，促进投资者和投资东道国的利益平衡。

在2010年贸法会会议上，中国明确表示了反对在华盛顿公约中加入透明度条款、反对透明度改革。理由是自中国1992年加入《华盛顿公约》到2010年，中国还没有过投资仲裁的相关实践、缺乏实践经验，并且中国参与缔结的投资条约和双边协定中均没有透明度条款。因此，中国对法庭之友提交书面意见、庭审过程的公开等持反对意见，坚持仲裁的保密性。① 也就是说，彼时中国对国际投资仲裁的第三方参与问题持否定态度。可是时至今日，不能再故步自封。国际投资仲裁透明度改革已是既成的事实，而且越来越高的透明度是国际投资仲裁发展的大势所趋。

中国必须转变观念，对投资仲裁透明度改革持肯定和接受的态度，认识到投资仲裁和传统商事仲裁的本质区别，认识到投资仲裁中的透明度对保护公共利益的价值所在、对于保护环境、保护公共健康的价值所在。不仅如此，中国也要认识到第三方参与给投资仲裁带来的积极影响：第三方可以向仲裁庭呈现当事方无法或不愿意呈现的事实问题，更有利于仲裁庭作出公正的裁决；第三方可以向仲裁庭提出更具综合性、更全面的论点；第三方可以向仲裁庭提供更专业的科学或技术知识。在国际投资仲裁的保密性和透明度问题上，坚持比例原则，在公共利益的实现和私人利益的保护之间进行合理的权衡，不能过分强调私人利益的保护。

在转变观念的基础上，在飞速发展的经济全球化形势之下，中国应该以更主动的姿态，投入到透明度的改革当中，参与规则的制定，只有参与进来，才

---

① 《投资人与国家之间以条约为基础的仲裁的透明度各国政府的评议汇编》，http：//documents-dds-ny. un. org/doc/UNDOC/LTD/V10/555/88/PDF/V1055588. pdf.

能从根本上了解透明度改革的轨迹和形势，才能为本国利益发声，制定出符合我国国情的国际投资仲裁透明度规则和更多有利于我国利益的投资仲裁透明度规则。因为就目前的状况来看，透明度改革的相关谈判都是由发达国家主导，比如美国、加拿大、欧盟等国都积极地参与到投资仲裁透明度的改革和规则的制定中，在谈判中也享有更多的话语权，我们如果这时再保持沉默，结果只能是任人宰割。

但是，和美国、欧盟等发达国家相比，中国的投资仲裁案例少，且案例都发生在2000年以后，实践年限较短，在投资仲裁领域经验不足。因此对于透明度改革中一些比较前沿的问题，比方说保密信息的判断标准等，在与发达国家进行谈判时，又要保持谨慎的态度，尽量避免透明度改革可能带来的风险。

总而言之，中国应首先转变观念，对透明度采取一种接受的态度，同时，作为发展中国家的我们在与发达国家就透明度问题进行谈判时，又应该十分谨慎，不至于落入陷阱。对于涉及中国政府或中国投资者的投资仲裁案件，我们需要很好地运用透明度的规则，寻求更有利于自身的仲裁策略，真正做到趋利避害。

（二）支持和鼓励非政府组织的发展

对于目前的中美BIT和中欧BIT谈判，笔者认为应该在谈判中重点关注法庭之友的参与问题，就中国目前的发展状况，应有意识地对法庭之友参与进行必要和合理的限制。因为通过前文的案例分析我们可以看出，法庭之友通常是发达国家的非政府组织，以美国的非政府组织居多。非政府组织是独立于政府的、非营利性的个人和私营部门组成的团体。在20世纪初，全球非政府组织很少，英国1889年建立的"鸟类保护协会"、美国1892年建立的塞拉俱乐部，是早期的非政府组织。在第二次世界大战后，全球非政府组织数量迅速增加，至2015年估计约有10万个。很多领域都有非政府组织的身影，且非政府组织发挥的作用也是不可替代的，它很多活动有利于加强政府和公众的联系，既在某些方面对政府组织进行了补充，同时可以对政府进行监督。[①] 发达国家的非政府组织物质基础雄厚，国际影响力大，在国际舞台上非常活跃。但相反的是，我国的非政府组织，是改革开放以后随着市场经济的建立和发展而出现的，起步较晚，并且资源不足也是我国非政府组织面临的相当普遍和严峻的问题。因此目前，我国的民间组织力量相对薄弱。

---

① 朱源：《国际环境政策与治理》，中国环境出版社2015年版，第38页。

因此，我们应趋利避害，为了防止法庭之友阻碍投资仲裁程序的进行，在BIT 的谈判中，对法庭之友参与投资仲裁的问题给予更多关注，进行必要限制。同时，考虑到非政府组织在国际投资仲裁透明度原则的适用方面扮演的重要的角色，而对于中国来说，非政府组织仍是一个相对薄弱的环节。与国外其他投资大国非政府组织的完善体系相比，中国仍处于发展的初期阶段。非政府组织体系不健全也是中国不愿放开透明度实践的一个重要原因。为有朝一日能充分发挥非政府组织在仲裁透明度问题方面的作用，中国政府有必要支持和鼓励非政府组织的发展，在提供政府资助的同时，也为其营造良好的筹资环境，保证非政府组织发展的物质基础；中国应注重制定有关非政府组织的法律、法规，保证非政府组织发展的政策基础和法制环境。注重增强非政府组织的国际影响力，使其在国际舞台上更好地为我国发声，维护我国的国家主权和公共利益。

(三)对传统商事仲裁的保密性进行有限度的突破

商事仲裁具有保密性是因为它具有私人性，如果一项商事仲裁仅仅影响到正在进行仲裁的双方当事人的利益，则仲裁保密性是正当合理的。然而随着社会的发展，传统的商事仲裁也在发生变化，有些仲裁案件不再仅仅涉及当事人的利益，而是开始涉及公共利益。随着国际商事仲裁可仲裁事项范围的不断扩大，原本通过诉讼解决的一些案件，如证券、知识产权、不正当竞争、消费者争端等也会进入仲裁领域，而这类案件可能会涉及第三者合法权益、弱者利益、公共利益的保护问题。原本这些领域的纠纷通过诉讼解决的时候，这些利益相关的第三方，可以通过公开审判，来及时了解需要的信息、了解案件的解决情况，保护自己的合法权益。当这些争端通过仲裁解决的时候，由于仲裁的保密性，公众无法获得相关信息。这样的后果就是公众的知情权受到侵害、公众利益受到损害。这就引发了这样一个问题：对于涉及公共利益的案件，商事仲裁能否突破保密性？

对此，笔者认为，可以对传统的商事仲裁的保密性进行有限度的突破和扩张。原因如下：

第一，在现代社会，个人利益与公共利益在本质上是一致的。公共利益是私人利益在社会状态下的有机组合，公共利益是私人利益的让渡，没有公共利益的保护，个人利益的保护终将难以实现；同时，公共利益又是以个人利益保护为基础的，公共利益的确立和保障最终的目的是实现和增进个人利益。在对个人利益进行保护的同时，不能忽视公共利益，比如说公共健康和环境保护，这是现实社会的需要。商事仲裁的保密性，说到底是为了保护个人利益，但当这些案件中涉及公共利益时，也不能弃公共利益于不顾，而是要在两者之间求得平衡。这时候，就需要有限度地对商事仲裁的保密性进行扩张；

第二，传统商事仲裁的保密性弊端也在日益显露。有学者认为，仲裁保密性可能会导致产生于同一交易的类似争端得到不同的处理结果。一些复杂的国际商事交易中常常产生涉及不同当事人的许多争端，因为不是所有的当事人都受同一仲裁条款的约束，两个或者多个仲裁可能出于相同事实，但因每个仲裁的程序是保密的且仲裁庭不能援引在其他案件中的结论，这会导致相同争端可能面临不同的处理，引发公平问题，比方说同一销售者和若干消费者之间的纠纷。其二，仲裁保密性可能导致效率低下。商事仲裁中的程序和最后的裁决都是秘密的，接下来的当事人、仲裁员以及法官都不能以学习为目的来利用它们，这会导致当事人、律师、证人以及仲裁员重复劳动，因而花费更多。[1] 因此，有必要对传统仲裁的保密性进行突破。

至于如何对传统商事仲裁的保密性进行突破，笔者认为，可以适当公开仲裁中的相关材料、仲裁裁决和仲裁的开庭过程。同时，为了在公开时不损害当事人的利益，平衡个人利益和公共利益，可以对仲裁相关材料进行技术性处理后，再进行公开，此处的技术处理是指对材料中设计商业机密和当事人隐私的问题进行特殊保护。在公开相关仲裁信息的过程中，充分利用当代信息技术的发展，可以开发专门的仲裁信息公开官方网站，使得民众在获取相关信息时更便捷，且获得信息更加可靠。在仲裁庭审过程的公开方面，可以利用视频直播的形式，保证信息传递的及时性和传播的广泛性。

总而言之，商事仲裁原则上是保密的。但在涉及公共利益的时候，当事人之间的保密义务，就要有限度地让渡给社会公众。商事仲裁保密性和公共利益的张力关系中，商事仲裁的保密性应适度突破。

本 章 小 结

联合国国际贸易法委员会于 2013 年 7 月通过了《投资人与国家间基于条约仲裁透明度规则》，规定在投资条约仲裁中增强透明度的相关规则。根据贸易

---

[1]　何艳华：《质疑与回应：国际商事仲裁的保密性》，载《法治研究》2010 年第 9 期，第 94 页。

法委员会针对 2014 年 4 月 1 日以后订立的投资条约的不完全统计，共有《大韩民国政府与澳大利亚政府间的自由贸易协议》《日本与乌克兰间的促进和保护投资协议》《加拿大与大韩民国间的自由贸易协议》等 13 个双边投资条约明确表明适用《透明度规则》或参照《透明度规则》制定的条款解决某些情形的投资人与国家间争议，可见此规则正逐步被国际社会所接受。

中国明确表示了反对在华盛顿公约中加入透明度条款、反对透明度改革。理由是自中国 1992 年加入《华盛顿公约》到 2010 年，中国还没有过投资仲裁的相关实践、缺乏实践经验，并且中国参与缔结的投资条约和双边协定中均没有透明度条款。因此，中国对法庭之友提交书面意见、庭审过程的公开等持反对意见，坚持仲裁的保密性。可是时至今日，中国再以此为由全盘否定透明度，就行不通了。首先，2011 年和 2014 年，分别发生了伊桂兰诉中国政府案和韩国安城公司诉中国政府案，中国已经开始作为投资东道国涉足到投资仲裁中。其次，随着"一带一路"倡议的实施，中国的对外开放又将进入一个新的阶段，中国政府将越来越主动地进行对外投资，也不可避免地会面对更多的投资纠纷，在这种情况下，中国不得不对透明度问题进行关注。再次，中国正处于与美国和欧洲的 BIT 谈判中，而美国和欧洲都是透明度的拥护国，因此在谈判中难以避免透明度问题，增强对透明度本身的关注，才能做到知己知彼，百战不殆。最后，2016 年 10 月 26 日，深圳国际仲裁院举行了新规则发布会，发布了 2016 年版的仲裁规则及程序指引，其中的一大亮点便是将投资仲裁纳入了受理案件范围，这是中国第一个内地仲裁规则规定可以受理东道国政府与他国投资者之间的投资纠纷仲裁案件，由此开始中国仲裁机构处理投资仲裁案件的尝试。深圳国际仲裁院开了这个先例，可以预见，在未来的若干年里，将有越来越多的中国仲裁机构将业务拓展到投资仲裁。因此，中国必须转变观念，转变观念，构建符合中国实际的透明度规则体系。同时，鉴于投资仲裁的成功实践，中国可以对传统的商事仲裁的保密性进行有限度的突破和扩张。

结　语

　　国际投资仲裁的商事化存在很多弊端，而近年来国际投资仲裁出现了正当性危机，为了解决这些问题，国际上和少数国家都开始了增强投资透明度的努力。国际投资领域的透明度有两层含义，第一层是实质上的透明度，是国际投资领域对缔约国的透明度要求，即政府行为和相关信息的公开；第二层是程序上的透明度。具体来说，前者是指各缔约方应及时公布，或以适当的形式公开其参与缔结的投资条约或双边投资协定，使其国民和第三国知晓，这很容易理解，一个民主的代议制政府，是代表广大人民意志行使权力的，因此其政府行为应该公之于众；后者是指国际投资争端解决机制中的程序透明，也就是投资仲裁的透明度，在投资仲裁过程中，允许在仲裁中有重大利益的第三方介入，包括仲裁发起的公示、仲裁中的文件的公开、庭审过程的公开、接受法庭之友书面意见等，使在仲裁中有重大利益的第三方能够了解整个争端解决过程。

　　随着社会的发展和进步，透明度的程度和标准也是在不断变化的。通过研究 ICSID 和 NAFTA 的投资仲裁实践，可以对投资仲裁中透明度的发展趋势有一个大体的认识。投资仲裁透明度是大势所趋并且一定会向更透明的方向发展。

　　由于国家的发展程度不同、投资争端解决方面的实践经历差异较大，因此不同的国家对透明度持不同的态度，特别是发展中国家和发达国家的态度方面，有很大差别，通常说来，发达国家法律理念先进，其关于增强透明度的实践走在国际前列，比发展中国家更能接受透明度原则，且发达国家在国际投资条约和双边投资协定中的透明度程度往往更高。相反，发展中国家处在法制的发展进程中，在透明度的问题上倾向于保守的态度。美国是最早倡导透明度改革的国家。无论是在北美自由贸易区的实践中，ICSID 的实践中，还是在美国 BIT 范本中，都能找到美国支持透明度改革的论据。在北美自由贸易区的争端解决实践中，美国愿意公开其提交的所有文件，只要这些文件经过保密信息处理，所谓的保密信息从除了商业机密外，还有当事方和仲裁规则规定不能对外公布的信息；美国支持仲裁庭审过程的公开，允许第三方旁听案件的审理；在美国作为仲裁当事方的案件中，美国赞同仲裁庭接受法庭之友提交的书面意见；美国也赞同将仲裁裁决进行公布。美国《双边投资条约范本》(2004年版)共37条，而在这有限的37条中，有专门1条(第29条)规定仲裁过程的透明度。仲裁当事方及时向非缔约方公开仲裁意向书、仲裁申请书、备忘录、仲裁中的决定和裁决等文件；支持仲裁庭审过程的公开。与之相反，中国明确表示了反对在华盛顿公约中加入透明度条款、反对透明度改革。理由是自中国1992年加入《华盛顿公约》到2010年，中国还没有过投资仲裁的相关实践、缺乏实践经验，并且中国参与缔结的投资条约和双边协定中均没有透明度条款。因此，中国对法庭之友提交书面意见、庭审过程的公开等持反对意见，坚持仲裁的保密性。

值得注意的是，这份文件公布的时间是2010年，距今已有10年的时间，在这10年里发生了很多变化，在ICSID登记的中国作为被申请人的案件已经发生了两起，而中国投资者作为申请人的案件数量更多。随着"一带一路"倡议的实施，中国的对外开放又将进入一个新的阶段，中国政府将越来越主动地进行对外投资，也不可避免地会面对更多的投资纠纷，在这种情况下，中国不得不对透明度问题进行关注。再次，中国正处于与美国和欧洲的BIT谈判中，而美国和欧洲都是透明度的拥护国，因此在谈判中难以避免透明度问题，增强对透明度本身的关注，才能做到知己知彼，百战不殆。最后，2016年10月26日，深圳国际仲裁院举行了新规则发布会，发布了2016年版的仲裁规则及程序指引，其中的一大亮点便是将投资仲裁纳入了受理案件范围，这是中国第一个内地规定可以对投资者和东道国间的直接投资争议仲裁进行受理的规则，开创了中国国内仲裁机构受理国际投资争议的先河，可以预见，在未来的若干年里，将有越来越多的中国仲裁机构将业务拓展到投资仲裁，从这个角度看，中国2010年的立场已经不能满足现在发展的需要。

为此，中国必须对投资仲裁透明度给予更多的关注。中国必须转变观念，积极投入透明度改革中来，投入规则的制定中，更好地维护国家权益，同时中国经验不足，对谈判中比较前沿的问题，又要保持谨慎的态度。同时启示中也谈到，对传统的商事仲裁，涉及公共利益的案件，私人利益要适当让渡给公共利益，因此，可以有限度地对保密性进行突破，对商事仲裁中的保密信息进行技术性处理后，向公众公布。

参 考 文 献

一、著作及译著类

[1]汤树梅.国际投资法的理论与实践.中国社会科学出版社,2004.

[2]姚梅镇.国际投资法.武汉大学出版社,2011.

[3][英]艾伦.马丁.亨特等.国际商事仲裁法律与实践.林一飞,宋连斌,译.北京大学出版社,2005.

[4]姚梅镇.国际投资法.武汉大学出版社,2011.

[5]列宁全集(第6卷).人民出版社,1986.

[6]E.博登海默.法律学:法律哲学和法律方法.邓正来,译.中国政法大学出版社,1998.

[7]约翰罗尔斯.正义论.何怀宏等,译.中国社会科学出版社,1988.

[8]元照英美法词典.法律出版社,2003.

[9]卓泽渊.法理学.法律出版社,1999.

[10][德]黑格尔.法哲学原理.张企泰,范杨,译.商务印书馆,1961.

[11]梁丹妮.北美自由贸易协定投资争端仲裁机制研究.法律出版社,2007.

[12]辛宪章.国际投资争端解决机制研究.东北财经大学出版社,2014.

[13]史晓丽,祁欢.国际投资法.中国政法大学出版社,2009.

[14]曹建明,贺小勇.世界贸易组织.法律出版社,2011.

[15][美]戴维帕尔米特,[希腊]佩特罗斯马弗鲁第斯.国际投资中的争端解决实践与程序.罗培新,李春林,译.北京大学出版社,2005.

[16]史晓丽.北美自由贸易区贸易救济法律制度研究.法律出版社,2012.

[17]陈治东.国际商事仲裁法.法律出版社,1998.

[18]万光侠.效率与公平.人民出版社,2000.

[19]胡伟.意思自治的法哲学研究.中国社会科学出版社,2012.

[20]石育斌.国际商事仲裁研究(总论篇).华东理工大学出版社,2004.

[21]汪祖兴.中国仲裁制度的境遇及改革要略.法律出版社,2010.

［22］邓杰．商事仲裁法．清华大学出版社，2008.

［23］宋朝武．中国仲裁制度：问题与对策．经济日报出版社，2002.

［24］马占军．仲裁法修改新论．法律出版社，2011.

［25］严存生．法的价值问题研究．法律出版社，2011.

［26］周永坤．法理学——全球视野．法律出版社，2010.

二、编著类

［1］余劲松．国际投资法．法律出版社，2012.

［2］贺小勇．国际经济法学．中国政法大学出版社，2008.

［3］张庆麟．国际经济法．武汉大学出版社，2014.

［4］陈安．国际投资法的新发展与中国双边投资条约的新实践．复旦大学出版社，2007.

［5］齐延平．人权研究．山东人民出版社，2015.

［6］刘辉群．世界贸易组织．厦门大学出版社，2014.

［7］朱榄叶．世界贸易组织根据贸易纠纷案例评析．法律出版社，2000.

三、杂志类

［1］袁杜娟．投资条约仲裁对“国际商事仲裁”之借鉴与改革．上海财经大学学报，2012（1）.

［2］黄世席．国际投资仲裁中最惠国条款的适用和管辖权的新发展．法律科学（西北政法大学学报），2013（2）.

［3］沈伟．论中国双边投资协定中限制性投资争端解决条款的解释和适用．中外法学，2012（5）.

［4］王斌．论投资协议中的稳定条款——兼谈中国投资者的应对策略．政法论丛，2010（6）.

［5］郭玉军．论国际投资条约仲裁的正当性缺失及其矫正．法学家，2011（3）.

［6］刘笋．国际投资仲裁裁决的不一致性问题及其解决．法商研究，2009（6）.

［7］郭玉军，梅秋玲．仲裁的保密性问题研究．法学评论，2004（2）.

［8］佘少祥．什么是公共利益——西方法哲学中公共利益概念解析．中国法学，2005（1）.

［9］张庆麟．国际投资仲裁的第三方参与问题研究．暨南学报，2014（11）.

［10］陈桂明，吴如巧．“法庭之友”制度及其借鉴．河北法学，2009（2）.

［11］刘京莲．法庭之友参与国际投资仲裁体制研究．太平洋学报，2008（5）.

[12]唐玉富.法庭之友：发现真实的扩展与限制.西南政法大学学报，2011（2）.

[13]黄晓慧.论仲裁的终局性与司法复审.学术研究，2000(6).

[14]徐涤宇.合同概念的历史变迁及其解释.法学研究，2004(2).

[15]余劲松.国际投资条约仲裁中投资者与东道国权益保护平衡问题研究.中国法学，2011(2).

[16]韩宝庆.海外承包工程争议适用 ICSID 仲裁的可行性分析.国际经济合作，2015(3).

[17]何艳华.质疑与回应：国际商事仲裁的保密性.法治研究，2010(9).

四、学位论文类

魏红.WTO 争端解决机制中法庭之友制度探究.华东政法大学，2003.

五、中文网站类

[1]联合国国际贸易法委员会国际商事调解示范法.http：//www. uncitral. org/pdf/chinese/texts/arbitration/ml-conc/04-90952_Ebook. pdf.

[2]大会正式记录，第三十一届会议，补编第 17 号(A/31/17)，第五章，C 节.http：//www. uncitral. org/pdf/chinese/texts/arbitration/arb-rules/arb-rules-c. pdf.

六、外文论著类

[1]Gary B. Born. International Arbitration：Law and Practice. Kluwer Law International，2012.

[2]Christian Buhring-Uhle. Arbitration and Mediation in International Business. Kluwer Law International，1996.

[3]G. Born. International Arbitration and Forum Selection Agreements：Drafting and Enforcing. Kluwer Law International，2013.

[4]Julian D. M. Lew, Loukas A. Mistelis, et al. Comparative International Commercial Arbitration. Kluwer Law International，2003.

[5]McLachlan D C, Shore L, Weiniger M. International investment arbitration：substantive principles. Oxford University Press，2007.

[6]Tienhaara K. The expropriation of environmental governance：protecting foreign investors at the expense of public policy. Cambridge University Press，2009.

[7] Waibel M. The backlash against investment arbitration: perceptions and reality. Kluwer Law International, 2010.

[8] Dolzer R, Schreuer C. Principles of international investment law. Oxford University Press, 2012.

[9] Peter Wolfgang, Jean-Quentin de Kuyper, Bénédict de Candolle. Arbitration and renegotiation of international investment agreements: a study with particular reference to means of conflict avoidance under natural resources investment agreements. Kluwer Law International, 1995.

[10] Dupuy Pierre-Marie, Francesco Francioni, Ernst-Ulrich Petersmann. Human rights in international investment law and arbitration. Oxford University Press, 2009.

[11] Redfern Alan. Law and practice of international commercial arbitration. Sweet & Maxwell, 2004.

[12] Weiler Todd. International investment law and arbitration: leading cases from the ICSID, NAFTA, bilateral treaties and customary international law. Cameron May, 2005.

[13] Subedi Surya P. International investment law: reconciling policy and principle. Bloomsbury Publishing, 2016.

[14] Sornarajah M. The international law on foreign investment. Cambridge University Press, 2010.

[15] Lalive Pierre. Some Threats to International Investment Arbitration. ICSID, 1986.

[16] Schill Stephan W. The multilateralization of international investment law. Cambridge University Press, 2009.

[17] Muchlinski Peter, Federico Ortino, Christoph Schreuer. The Oxford handbook of international investment law. Oxford University Press on Demand, 2008.

[18] Cotula Lorenzo. Land grab or development opportunity. Corporate Development, 2009.

[19] Douglas Zachary. The international law of investment claims. Cambridge University Press, 2009.

[20] Vadi Valentina. Public health in international investment law and arbitration. Routledge, 2012.

[21] Dezalay Yves, Bryant G. Garth. Dealing in virtue: International commercial

arbitration and the construction of a transnational legal order. University of Chicago Press, 1998.

[22]Fawcett J. James, Janeen M. Carruthers, Cheshire, North & Fawcett: private international law. Oxford University Press, 2008.

七、外文论文类

[1]Susan D. Frank. The Legitimacy Crisis in Investment Treaty Arbitration: Privatizing Public International Law through Inconsistent Decisions. Fordham Law Review, 2005(73).

[2]Nakagawa J. Transparency in international trade and investment dispute settlement. Routledge, 2013.

[3]Cawley, Jared B. Friend of the Court: How the WTO Justifies the Acceptance of the Amicus Curiae Brief from Non-Governmental Organizations. Penn State International Law Review, 2004(23).

[4]Mohan. S. Chandra. The Amicus Curiae: Friends No More. Singapore Journal of Legal Studies, 2010.

[5]Ishikawa T. Third Party Participation in Investment Treaty Arbitration. International and Comparative Law Quarterly, 2011(73).

[6]Navven Gurudevan, An Evaluation of Current Legitimacy-based Objections to NAFTA 's Chapter11 Investment Dispute Resolution Process, San Diego International Law Journal, 2005(6).

[7]J. Anthony Van Duzer. Enhancing the Procedural Legitimacy of Investor-State Arbitration through Transparency and Amicus Curiae Participation. McGill Law Journal, 2008(52).

[8]Catherine A. Rogers. Transparency in International Commercial Arbitration. U. KAN. L. REV, 2006(54).

[9]Anibal Sabater. Towards Transparency in Arbitration (A Cautious Approach). Publicist Towards Transparency in Arbitration, 2010(5).

[10]Caroline Bradley. Transparency Is the New Opacity: Constructing Financial Regulation after the Crisis. American University Business Law Review, 2011(7).

[11]Jose E. Alvarez, Karl P. Sauvant. The Evolving International Investment Regime: Expectations, Realities, Options. Oxford University Press, 2011.

［12］Argen R. Ending Blind Spot Justice: Broadening the Transparency Trend in International Arbitration. Social Science Electronic Publishing, 2014.

［13］Ishikawa T. Third Party Participation in Investment Treaty Arbitration. International and Comparative Law Quarterly, 2010(59).

［14］Boralessa A. The Limitations of Party Autonomy in ICSID Arbitration. Am. Rev. Int l Arb, 2004(15).

［15］Marceau G, Stilwell M. Practical suggestions for amicus curiae briefs before WTO adjudicating bodie. Journal of International Economic Law, 2001, 4 (1).

［16］Catherine T. Struve. Jurisdiction and Related Matters. Prac. & Proc, 2009(4).

［17］Lance Bartholomeusz. The Amicus Curiae Before International Courts and Tribunals. Non-State Actors & International Law, 2005.

［18］Cawley Jared B. Friend of the Court: How the WTO Justifies the Acceptance of the Amicus Curiae Brief from Non-Governmental Organizations. Penn State International Law Review, 2004(23).

［19］Linda Sandstrom Simard. An Empirical Study of Amici Curiae in Federal Court: A Fine Balance of Access, Efficiency, and Adversarialism. Linda Sandstrom Simard, 2007.

［20］Victor E. Flango, Donald C. Bross, Sarah Corbally. Amicus Curiae Briefs: The Court's Perspective. Just. Sys. J, 2006.

［21］Richard C. Reuben. Confidentiality in Arbitration: Beyond the Myth. Kansas Law Review, 2006(54).

［22］Venus Ghareh Baghi, T. R. Maruthi. The Principle of Proportionality in International Criminal Law. AUDJ, 2011(3).

［23］Jeffery Waincymer. Transparency of Dispute Settlement Within the World Trade Organization. Melbourne University Law Review, 2000.

［24］Yasuhei Taniguchi. The WTO Dispute Settlement as Seen by a Proceduralist. Cornell Int'l L. J. , 2009(18).

［25］Robert B. Hudec. New WTO Dispute Settlement Procedure: An Overview of the First Three Years. Minn. J. Global Trade, 1999(49).

［26］Gabrielle Marceau, Mikella Hurley. Transparency and Public Participation in the WTO: A Report Card on WTO Transparency Mechanisms. TRADE L. & DEV, 2012(19).

[27] Alvarez G A, Park W W. The new face of investment arbitration: NAFTA Chapter 11, Yale J. Int'l L. , 2003(28).

[28] Simma B. Foreign Investment arbitration: a place for human rights. International and Comparative Law Quarterly, 2011(60).

[29] Levine E. Amicus curiae in international investment arbitration: the implications of an increase in third-party participation. Berkeley J. Int'l L. , 2011(29).

[30] Wälde T W. Investment Arbitration Under the Energy Charter Treaty-From Dispute Settlement to Treaty Implementation. Oil, Gas & Energy Law Journal (OGEL), 2002.

[31] Brower C N, Schill S W. Is Arbitration a Threat or a Boom to the Legitimacy of International Investment Law. Chi. J. Int'l L. , 2008(9).

[32] Sedlak D R. ICSID's Resurgence in International Investment Arbitration: Can the Momentum Hold. Penn St. Int'l L. Rev. , 2004(23).

[33] Franck S D. The Legitimacy Crisis in Investment Treaty Arbitration: Privatizing Publlic International Law through Inconsistent Decisions. Fordham L. Rev. , 2004.

[34] Biukovic, Ljiljana. Selective adaptation of WTO transparency norms and local practices in China and Japan. Journal of International Economic Law, 2008 (4).

[35] Orden David. An overview of WTO domestic support notifications//conference Improving WTO Transparency: Shadow Domestic Support Notifications. IFPRI, Washington DC, 2008.

八、外文案例类

[1] Metalclad Corporation v. United States, ICSID Case No. ABR/97/1.

[2] Loewen Group, Inc. v. United States, ICSID Case No. ABR/98/3.

[3] Suez, Sociedad General de Aguas de Barcelona SA, and Vivendi Universal SA v. Argentine, ICSID Case No. ARB/03/19.

[4] Biwater Gauff (Tanzania) Limited v. United Republic of Tanzania, ICSID Case No. ARB/05/22.

[5] Infinito Gold Ltd. v. Republic of Costa Rica, ICSID Case No. ARB/14/5.

[6] Aguas del Tunari, S. A. v. Bolivia, ICSID Case No. ARB/02/3.

[7] US-Shrimp, WT/DS58/AB/R.

[8]United States-Imposition of Countervailing Duties on Certain Hot-Rolled Lead and Bismuth Carbon Steel Products Orinating in the United Kingdom, WT/DS138/R.

[9]US-Lead and Bismuth II, WT/DS138/R.

九、外文网站类

[1]ICSID Database of MemberStates. http：//icsid. worldbank. org/apps/ICSID WEB/about/Pages/Database-of-Member-States. aspx？tab＝AtoE&rdo＝CSO.

[2]U. N. Conference on Trade and Development, World Investment Report 2015. Reforming International Investment Governance, UNCTAD/WIR/2015. http：//unctad. org/en/PublicationsLibrary/wir2015_en. pdf.

[3]Investment Dispute Settlement Navigator. http：//investmentpolicyhub. unctad. org/ISDS/FilterByYear.

[4]Bipartisan Trade Promotion Authority Act of 2002. http：//www. law. cornell. edu/uscode/text/19/3802.

[5] Annex 10-H, U. S. -Chile FTA. http：//ustr. gov/sites/default/files/uploads/ agreements/fta/chile/asset_upload_file1_40.

[6]Annex D, 2004 Model BIT. http：//www. state. gov/documents/organization/ 117601. pdf.

[7]Possible Improvements of The Framework for ICSID Arbitration. http：// icsid. worldbank. org/apps/ICSIDWEB/resources/Documents/Possible% 20Imp-rovements%20of%20the%20Framework%20of%20ICSID%20 Arbitration. pdf.

[8]Investment Dispute Settlement Navigator. http：//investmentpolicyhub. unctad. org/ISDS/FilterByYear.

[9] Possible Improvements of The Framework for ICSID Arbitration. http：// icsid. worldbank. org/apps/ICSIDWEB/resources/Documents/Possible% 20Imp-rovements%20of%20the%20Framework%20of%20ICSID%20Arbitration. pdf.

[10]NAFTA Free Trade Commission. Notes of Interpretation of Certain Chapter 11 Probisions. http：//www. dfait-maeci.

[11]ICSID Secretariat, Possible Improvements of the Framework for ICSID Arbitration. http：//www. Worldbank.